[英国]萨拉·哈珀 著　许黎明 译

人口学

牛津通识读本·

Demography

A Very Short Introduction

译林出版社

图书在版编目（CIP）数据

人口学 /（英）萨拉·哈珀（Sarah Harper）著；许黎明译.
—南京：译林出版社，2022.8
（牛津通识读本）
书名原文：Demography: A Very Short Introduction
ISBN 978-7-5447-9164-9

Ⅰ.①人… Ⅱ.①萨… ②许… Ⅲ.①人口学 - 研究 Ⅳ.①C92

中国版本图书馆 CIP 数据核字（2022）第 086862 号

著作权合同登记号 图字：10-2020-86 号

人口学 ［英国］萨拉·哈珀 ／著 许黎明 ／译

责任编辑 陈 锐
装帧设计 景秋萍
校 对 戴小娥
责任印制 董 虎

原文出版 Oxford University Press, 2018
出版发行 译林出版社
地 址 南京市湖南路 1 号 A 楼
邮 箱 yilin@yilin.com
网 址 www.yilin.com
市场热线 025-86633278
排 版 南京展望文化发展有限公司
印 刷 江苏扬中印刷有限公司
开 本 890 毫米 ×1260 毫米 1/32
印 张 8.625
插 页 4
版 次 2022 年 8 月第 1 版
印 次 2022 年 8 月第 1 次印刷
书 号 ISBN 978-7-5447-9164-9
定 价 39.00 元

序 言

陈 功

人口是国家长足发展的根本。我国的人口研究始于20世纪初叶，复苏于1970年代初，到1980年代逐渐建立和完善学科体系，至今已有四十多年的耕耘。然而，当谈及人口现象的解释和人口问题的分析时，很多人仍存在一定的理解偏误，或是将人口学简单等同于人口统计、计划生育，或是对预期寿命、总和生育率等人口学概念一知半解。这都提示我们仍需加强人口学的常识教育，帮助提高社会和非专业大众对人口现象和人口问题的认识。牛津通识读本《人口学》就为我们提供了一个迅速了解人口学科的机会，而且它篇幅简短，内容全面，语言通俗，便于理解。本书作者英国牛津大学萨拉·哈珀教授，从人口学专业角度介绍了人口学的起源、基本研究对象和相关概念、基本分析方法以及学科外延领域，并辅之以现实人口政策和统计数据加以说明，无论是相关领域研究者还是普通读者都可以从中获益。

我和哈珀教授相识多年，我所在的北京大学人口研究所也与哈珀教授及牛津大学老龄化研究所多年来一直保持着良好的合作关系，尤其在学术讲座与研究合作、学生和青年教师访学交流等方面成果很多。哈珀教授是一位成就斐然的女科学家，是英国和国际上具有重要影响的人口学家和老年学家，牛津大学老龄化研究所创始所长，英国皇家科学院院士，并曾经担任过英国皇家研究院院长。2018年，哈珀教授因其在人口科学方面的贡献被授予英国CBE勋章。她涉猎广泛，尤其在人口转变及其挑战、人口老龄化研究上钻研深入。

本书开篇就向读者们抛出一个可供讨论的观点："人口即命运？"尽管这种决定论的语气可能过于武断，但哈珀教授借此点明了我们目前正日益深刻感受到的一个事实——人口变化在地方、国家乃至全球层面的政治、经济和社会中所起到的重要作用。可以说，人口学在与"人"相关的社会科学乃至包括遗传学、医学等生物科学在内的研究体系中占有特殊重要地位，它是这类研究的基础，所有其他的研究都应当建立在人口本身的特征及其发展规律之上，但同时它也依赖其他科学对其研究发现进行解释。

随后，本书探讨了全球人口在时间和空间上的演变，地球上的人类是如何从5.5万增长到如今超过70亿。人类社会真正面临人口膨胀、人口老龄化等人口问题，不过是近一百年间的事情。从时间长度上说，这在人类历史长河里不值一提，但从事件意义来看，却是事关全人类共同命运的重大转折。如何正确认识和把握当前人口现状和趋势，如何让人口发展与社会经济发展相适应，是当前中国乃至全世界都面临的重要时代议题。如书中提到的法国人口学家利维·巴奇所言："旧石器时代的上百万居民，新石器时代的1 000万居民，青铜时代的1亿居民，工业革命时代的10亿居民，21世纪末可能达到的100亿居民，他们所代表的肯定不只是简单的人口增长。”

到第三章，本书正式进入人口学的学科领域，讲述了人口学的创建者们在过去几个世纪中如何塑造了这门学科。从“现代人口学之父”约翰·格朗特创建第一张生命表开始，到马尔萨斯正式开启现代人口学研究，人口学始终带有“多学科交叉”的特征。与大众印象一致，人口学的起源与数学和统计学密不可分。格朗特首创的生命表统计了伦敦不同教堂会众的信息，得到了成年人口的性别分布。第四章更进一步说明了人口与数学计算、统计推断之间的交叉，包括冈珀茨定律的提出等。人口与医学的结合则推动了公共卫生、流行病学的发展，例如在英国霍乱大流行时期对于分区人口死亡率的统计、分职业人群死亡率的比较等。人口作为社会的最小单元，天然带有资源属性，马尔萨斯人口理论的提出，将人口增长与生产资料状况联系起来，带有显著的政治经济学特征。总而言之，人口学的产生和发展与开创者们多样化的学科背景密切相关，使“多学科”特征始终贯穿于人口学研究之中，与其他同类社会科学相比，更具有开展广泛跨学科研究的包容性。

第五章至第八章介绍了人口学的基本要素和研究的核心内容。简单来说，人口学研究的核心内容即人口的“生、死、迁、测”。人口的生育、死亡和迁移是决定人口规模、结构和分布等特征的基本要素，第五章主要对这三个驱动要素展开了介绍。第六章讲述了人口学最重要的理论之一——“人口转变”，即生育和死亡要素的变化对长期人口变动的影响。第七章则介绍了如何衡量这些要素及其影响。第八章对人口推算和预测进行了介绍。

以上内容，除了对基本概念的说明，哈珀教授还穿插了一系列相关议题的讨论。其中较为突出的是两个议题：一是发达国家与发展中国家人口发展的特征差异；二是人口转变与流行病学转变之间的紧密联系。回应第二章的问题，人口增长背后的机制是什么，从发达国家人口变动规律总结的四个人口转变阶段中可见一斑，人口死亡率的下降主要得益于医学和公共卫生的进步，而生育率的变化则受到社会、经济、文化等多种因素的影响，不同生育和死亡模式的组合造就了现在不同国家和地区人口的现状事实。目前发展中国家正在经历的人口转变，既有发达国家人口转变的基本特征，同时也因其社会发展水平和文化的特殊性而有所不同。同时，流行病学转变中疾病谱的变化，与人口结构相结合，又呈现出不同年龄人口健康水平和疾病负担差异，放置于国家人口年龄结构之中，就会演变为当前我们热烈讨论的“养老负担”问题。总之，很多例如生育意愿、家庭规模、养老照料等关于生育和死亡的社会议题，读者们都可以从中得到认识和启示。

除了与人口转变直接相关的死亡和生育外，第三个要素人口迁移则是人口学另一个重要研究主题。以往大众常常忽视的，关于人口的流向及其效应的分析和解释，其实也是人口学家们致力研究的重要领域。历史发展趋势表明，迁移人口对迁入地和迁出地的人口结构、社会经济发展都产生了深远影响。例如与城市化、现代化研究密切联系，人口的乡城流动促进了城市化水平的提高，人才的聚集则推动了现代化的发展。书中从国际迁移和国内迁移两个方面，对人口迁移的基本概念、理论和模型进行了介绍。

哈珀教授在第九章梳理了人口学的分支学科。如前所述，人口学在与“人”相关的研究中具有特殊地位，且带有显著的“多学科交叉”特征。这也是人口学的分支学科都极为重要且研究成果都格外璀璨的原因。书中主要列出的分支学科包括了人类人口学、生物人口学、人口经济学、家庭人口学、历史人口学、数理人口学、古人口学、人口地理学、社会人口学等九门，但在实际的人口研究中，人口学与其他学科交叉的范围远不止于此。

对于未来人口学及人口研究的发展，哈珀教授列出了一系列当前人口发展面临的挑战，例如人口老龄化、撒哈拉以南非洲人口的生育率，如何平衡世界不同地方环境、人口和消费的关系以及技术变革的冲击等，并指出人口学应纳入经济学和政治学的视角下进行解读。笔者认为，这是当下人口学者和人口研究学者们必须积极承担起来的时代责任——在21世纪全球人口老龄化不可逆转、区域人口发展具有多样性的新时代背景下，面对人口转变过程和机制越来越复杂多变的情况，应致力于解决如何积极应对人口发展的挑战，从长期战略和治理的角度促进人口与社会经济发展相适应，与资源环境相协调，达到代际间的平衡与可持续的宏大议题。这要求我们立足于本学科发展的基础，更广泛地展开交叉和合作，并进一步提高研究证据指导实践的准确性和可靠性。

写到这里，我想起在牛津大学时有一次和哈珀教授聊天的话题，哈珀教授提到，作为人口学家，我们都知道伴随人口转变，2030年前后的中国，2050年前后的印度，还有2070年前后的非洲都将对全球发展具有重大影响。对于哈珀教授的观点从不同角度出发可能有不同的理解。我这里想强调的有两点：第一，要尊重社会经济发展的阶段性，要习惯于找差异，求同存异。人口学中包括本书中大多介绍的是分析思路和分析方法，这是研究人口问题的通用工具，但是当分析不同对象、内容和观点时要有批判性思维，要基于事实和证据做独立判断，不要人云亦云，即使是对哈珀教授这样的大学者的观点也可以有自己的不同认识，这在国际比较时尤其要注意，以平常心和学术定力来看待学术讨论中的不同意见。第二，在全球人口变动的今天，一定要有全球观和前瞻性，远见卓识，未雨绸缪。一般认为人口是一个宏观变量和慢变量，观察和研究人口现象要有较长的周期，不能只看当前，要瞻前顾后。早在1980年代，哈珀教授就开始关注和讨论中国的人口现象，例如《中国城市老龄化：上海和北京的案例研究》（1989）、《中国人民与文化》（1992）等，并一直持续关注。在她的带领下，牛津大学老龄化研究所一直关注和研究全球的人口变动，只要你打开网站，你就能够看到牛津大学人口研究的全球布局，你甚至能够看到刚刚进入新世纪时，他们就已开始全面深入研究非洲的人口和人口老龄化问题。这一点，世界一流大学的做法是特别值得我们深思和借鉴的。

总而言之，人口学是一门充满魅力且具有广泛包容性的学科，本书作为一种通识读本，兼备科普性和学术性。对于想要了解人口学及相关基本概念的读者，以及正准备开展人口学研究的学生读者都应该有比较大的帮助。

献给卡洛琳

目 录

第一章

人口即命运？

在第一次世界大战爆发的背景中，法国与俄国结盟起到了至关重要的作用。虽然这源于法国和俄国之间彼此的政治忠诚，但是人们也承认，这是因为当时法国正在输掉与德国的人口竞赛，从而促进了法俄结盟。法国通过向俄国提供资本和技术，换取了俄国的巨大人力资源储备。21世纪英国多元文化社会的兴起，使其摆脱了20世纪下半叶仅靠生育更替人口能力下降的问题。这鼓励了来自英国前殖民地的移民劳动力与资本转移之间的交换。日本的早期经济成功部分可由其高密度人口来解释，这一因素使得技术转移可以迅速发生。有关国家的政治联盟、文化变革和经济增长，都可以部分归因于这些国家的人口结构。

"人口即命运"的观念起源是有争议的。尽管很少会有人坚持这种决定论的立场，但是人们也日益认识到，人口变化在地方、国家、地区和全球层面的政治制度、经济与社会中起着关键作用。

虽然有许多学科对“人”感兴趣，例如人类学、社会学和心
1 理学，但是人口学的核心概念是人口变化的驱动因素，即死亡、生育和人口迁移，以及这些因素如何相互作用影响人口。这些人口驱动因素的相互作用导致了人口规模、构成、密度和分布方面的各种结果，这些结果在国家和地区之内以及之间会有所不同，继而对它们所形成的社会和社区以及构成这些社会和社区的个人产生显著影响。例如，每个人所处的出生队列或世代，该队列的人口构成及其与那些同时在其他地方出生以及之前和之后队列之间的关系，都强烈影响着个人的生活机会。此外，对人们生活于其中的经济和政治结构也会施加影响，构造着人们获取诸如食物、水、教育、工作、性伴侣甚至个人寿命等社会和自然资源的机会。

17世纪中叶的英格兰正处于复兴和发现的时代，同时也是瘟疫和死亡的时代。这两个条件的偶合导致了人口学的产生。英国皇家学会成立于1660年，致力于“经验观察和实验”；牛顿和他剑桥大学的同事们那时正在发展微积分学、力学和引力理论。确认可以解释物理学和物理世界中上帝杰作的数学公式，是发现可以解释上帝的人类身体计划的更多公式的自然途径。瘟疫的不断蔓延使得死亡遍布周围。每周发布伦敦丧葬数的《死亡清单》则提供了一项完美的来源，可以被用来探索上帝创造世界时制定的生死法则。商人约翰·格朗特使用这些数据在1662年制作了第一张原始生命表，这正是人口学的初始研究内容之一。至此，在关于大地、海洋和天空的法则中，加入了关于
2 生死的数学定律。虽然几个世纪以来人口学已经发展成涵盖广泛的理论和方法论，探讨了人口的增长、再生产和变化等基本原

理，但是在其内核仍然保持着对能够解释人类寿命长度的数学定律的不断探寻；这一探寻如今已经成为人口学家与数学、进化生物学和遗传学等同行科学家共享的研究领域。

当代人口学可以分为三个独立研究领域。首先是研究过去或现在关于人口规模和构成的特征，对年龄、性别、婚姻状况、受教育程度、空间分布、种族和社会经济群体等构成标准尤其感兴趣。其次是对直接影响人口构成的各种过程感兴趣，主要是生育、死亡和人口迁移，有时也被称为人口驱动因素。第三个领域关心的是这些静态特征和动态过程之间的关系，以及它们在社会、经济和文化环境之中的相互影响。

当代的作者们认为现代人口学在社会科学中占有特殊地位。与许多其他社会学科（例如社会学或心理学）不同，人口学的分析对象很明确，那就是人。此外，决定主要人口过程——再生产和死亡，或生育和死亡——的人类行为法则，比许多其他人类行为过程更有规律。第三，当代人口学是一门真正的跨界学科，因为它很大程度上依赖其他社会科学来解释人口统计结果。

在本书中，我将首先探讨全球人口在时间和空间上的演变方式，其在几千年里经历了稳定但小幅的增长，直到大约二百年前开始转变为急剧增长。在两万年前最后一个冰河时代结束
时，估计有大约100万名智人散布在欧洲、非洲和亚洲。在接下 3
来的一万五千年里，随着农业、定居生活和文明的出现，人类经济和社会发生了巨大的变化。到公元前5000年时，世界人口估计已达500万，而且每个大陆都已有人类定居。又过了七千年时间，大约在1800年左右，人口达到了10亿。

城市化和工业化的到来导致人口数量稳定增长。从1700年

开始，死亡率开始了一段长期逐步下降的过程：贸易、农业和工业革命提高了生活水平，公共卫生措施大大降低了婴儿和儿童的死亡率。到20世纪初期（1930年左右）人口翻了一番，达到20亿；在五十年内又翻了一番，达到40亿（1975年）；到20世纪末已达60亿。目前，这一数字约为70亿，预计在21世纪将达到100亿左右。

然后，我将着眼于人口学学科的发展，细数有哪些主要的理论家，是什么原因使得他们对人口学产生兴趣，以及他们在过去的几个世纪中如何塑造了这门学科。正如我所描述的那样，对人口学的正式研究可以追溯到17世纪中叶格朗特的原始生命表。其他人接手了这项任务，到19世纪时，数学估计已经很复杂并且获得高度认可。从理论上说，正是马尔萨斯提出了人口无限制增长可能带来影响的假设，因此他被许多人视为人口学研究的真正创始人。

主要争论之一围绕着人口转变展开。这指的是，当国家从高死亡率与高生育率平衡的稳定状态，演化到低死亡率与低生育率平衡的稳定状态时发生的一系列变化。理论家们激烈争论着这种转型的时机和驱动因素。我们将探讨人口学家们用来理
4 解这些过程的工具和材料。

到20世纪初时，人口学已被认为是一个单独研究领域，大学中第一次教授人口学课程，关键的理论家们获得认可，并发展出了一套清晰的方法和技术。除此以外，我们还将考虑到新的人口学分支学科的出现。近几十年来，人口学在被其他学科（例如社会学、历史学、经济学）纳入研究领域的同时，又发展出了一系列分支学科。现在，生物人口学、人口经济学、人口地理学、社

会人口学和人类人口学都成为人口研究广阔领域的构成部分，这些研究分析了影响人口的经济、社会、文化和生物过程之间的关系。这使得我们可以采取一种多学科的方法，该方法可以被用来解决各种当代问题，并借助人口学的预测能力去展望未来。

所有国家都有人口政策吗？在设法解决21世纪一些关键的人口挑战之前，我们将先来考察其中的一些问题。撒哈拉以南非洲的生育率会下降到代际更替水平以下吗？如果没有下降到如此程度，后果将是什么？在世界不同地区，环境、人口和消费之间的关系是什么？我们将如何为预计到2050年的90亿或100亿人口提供食物和水？即将到来的世界人口老龄化将产生什么影响？

以数学科学为核心的人口学，正在努力解决其中一些极为重要的挑战。人口也许不是命运，但是它确实可以提供必要的科学证据，以指导政府和政策制定者们跨越21世纪。 5

第二章

从5.5万到70亿

今天我们所理解的人类种群大约始于一百万年前；一百二十万年前，人类约有5.5万人口，今天所有的人口都由这些人类繁衍而来。其中包括几种人类物种，诸如非洲的匠人和东亚的直立人。新的遗传证据正在改变我们对人类进化的理解。该证据表明，在过去的十万年中，所有现代人类——无论是否为非洲人——都源自同一个祖先种群。这有悖于那些认为非洲人类在很早以前就与非洲以外人类分离的早期理论。

另外，这些证据还表明，智人大约在五万年前离开非洲，通过非洲人类与非洲以外人类之间的混血，遗传物质的共享一直持续到两万至四万年前。

除此以外，对骨骼和工具的全面年代测定表明，现代人类最早在四万五千年前到达欧洲，与尼安德特人共同生活了长达五千年，甚至可能与之有过思想和文化交流。还有遗传证据表明，这些现代人类的祖先与尼安德特人发生过混血，特别是现代

欧洲人体内含有多达5%的尼安德特人脱氧核糖核酸（DNA）。研究人员指出，在数千年的时间里，尼安德特人的数量一直在下 6
降，而同时现代人类的数量却在增加。大约四万年前的一段极端寒冷时期，可能已经足够解释尼安德特人数量不断减少的原因，并导致了他们的最终灭绝（方框1）。

方框1　现代人类是否屠杀了尼安德特人而成为统治物种?

长期以来一直有人猜测，从非洲到达欧洲的现代人类带来了致命的非洲疾病，并追捕和屠杀了欧洲的原始居民尼安德特人，导致他们在五百年内灭绝。研究人员现在则相信，这两个物种共同生活了五千年之久，捕猎相同的动物，收集相同的植物，并交流思想、技术和文化。他们之间甚至发生过混血，导致现代欧洲人体内还存在尼安德特人的DNA。考古学和遗传学证据都表明，当现代人类从非洲到达欧洲时，尼安德特人已经在衰落中，可能无法幸免于大约四万年前发生在整个欧洲的严酷气候变化。

智人被认为是到公元前30000年时地球上剩下的唯一人类物种。在大约两万年前的最后一个冰河时代（末次盛冰期）末期，即旧石器时代，估计大约有100万人分布在欧洲、非洲和亚洲。遗传证据表明，在人类第一次走出非洲的过程中，欧洲人口可能已经大幅减少过一次。人类已经到达澳大利亚，但可能没有到达美洲。

快速的经济和社会变革

在此后的一万五千年中，随着农业、定居生活和文明的出
7 现，人类经济和社会发生了巨大的变革。大约在一万年前有一段全球变暖时期，冰盖融化并退缩，我们进入了今天仍生活在其中的全新世时期。最初，这带来了中石器时代狩猎采集者和新石器时代农业生产者的文化时期，并且有人认为这种农业发展支持了这一时期人口的持续增长。公元前10000年左右，新石器革命带来的急剧转变，有时也被称为新石器时代人口转变，使得人口从流浪的狩猎采集者转向定居农业。从欧洲、中东，到近东、中国和中美洲，这种转变似乎是跨不同大洲和时间段相互独立发生的。前旧石器时代的狩猎采集者大多存在于独立的小团体中，易受当地食物供给变化的影响。新石器时代的农业生产者们形成了更大、更密集的人口群体，他们可以通过建立剩余食物储备来抵御季节性的饥荒。

经典理论对这一生产转变过程中人口突然膨胀的解释是，新生产技术的创新和散播、易于储存营养谷物的种植以及动物的驯化扩大了可获得的食物供给，并保护了人们免于承受营养压力。结果是，人们的健康状况得到改善，死亡率下降，从而人口得以增长。

其他人却对此理论提出质疑，他们认为实际上死亡率是提高了而不是下降，只是因为生育率也在提高才使得人口出现增长。有人认为，随着从水果、蔬菜和肉类的混合饮食转向对谷物的高度依赖，人们饮食的营养价值下降了。此外有人提出，定居农业人口的高密度生活，使寄生虫和传染病得以传播。因此，营

养摄入上较弱的农业生产者比他们之前的狩猎采集者有更高的 8
患病率和更低的预期寿命。

但是，从流浪向定居生活方式的转变提高了生育率。例如，现代人类学对非洲的研究表明，从事定居农业的妇女生育间隔比仍然是狩猎采集者的同时期妇女要短。对于游牧民族来说，总是带着幼儿和婴儿到处迁移很累赘，然而儿童劳力对于农耕来说却是宝贵的资产。无论采用何种理论解释，事实都是人口大量增长，到公元前5000年时，世界人口估计已达到500万，而且每个大陆那时都已有人定居（方框2）。

方框2　今天的地球人口是否比历史上曾生活在地球上的人口更多?

尽管很难估计历史的人口数字，但美国人口资料局估计，大约有1 070亿人曾在这个地球上生活过。今天仍有70亿人生活在地球上，这意味着对于每1个还活着的人就有15个人曾在这个地球上生活并死去。人口学家们相信，到基督时代时，已经有超过70亿人曾以这颗星球为家。

这两种理论都探讨了经济和社会生活方式对所涉及人群行为的影响。人口本身也可能会影响人们的行为。例如，可能会有人主张，大约在一万年前，人口增长对可供狩猎和采集土地的压力迫使人们耕种和采集粮食，以使得可用土地的生产力变得更高。有人提出狩猎采集者知道如何种植和收获农作物，但是
这种向农业生产的转变却一直没有发生，直到人们由于人口压 9

力而不得不转而种植粮食。这些主张得到以下证据支持，即：转而从事农业比从事狩猎和采集需要更大的工作量，因此只有在必要时才会被采用。

在随后的五千年中，新石器时代的过渡和转变使得世界人口每两千年翻一番，到基督时代达到了2.5亿，这一增长速度与之前的两万五千年间相比十分可观，那时人口需要将近一万年时间才能翻一番。很多学者将这种增长与新技术的出现联系起来，使得农作物、动物和发明以及人口，沿着一条贯穿欧亚大陆的肥沃地理轴线传播开来。例如车轮的发明，在公元前3000年左右的东南亚改变了交通方式，使得人和货物能够沿着新建的道路快速移动。文字书写大约在同一时间出现在美索不达米亚和中国，使思想和创新得以传播。这些都导致了新文明和大帝国的诞生，如奥斯曼帝国、埃及王国、罗马帝国和中国王朝。罗马帝国鼎盛时期可能有大约5 000万人口，有观点认为，其中罗马自身拥有100万以上人口。印度和中国可能有与罗马帝国同等规模的人口。大城市出现了稳步发展的人口增长治理和控制的系统。这些都支持了大规模的技术创新，诸如极大改善粮食供应的灌溉系统，供水、排水和卫生系统的管控，以及管控贸易的数学和会计机制。虽然这些创新为人口增长提供了支持，但是人口增长仍然易受疾病、饥荒和气候变化影响，从而制约了其迅速增长。

在接下来的一千五百年里人口增长经历了巨大波动。看起
10 来在公元500年至900年间世界人口规模增长得很少，而随后的四百年中世界很多地方的人口都经历了增长。在公元后第一个千年之初，罗马人统治下的不列颠的人口约为100万，而在一千年

后《世界末日之书》写成时，该地区的人口仍然如此。第二个千年的前三个世纪预示了一段人口稳定增长和在很多地区扩张的时期。欧洲和非洲的人口增长了一倍，亚洲和美洲的人口增长了一倍半。例如，在诺曼人的统治下，不列颠的人口迅速增长，增长了约四倍达到400万。来自锡兰的证据表明，在成熟的农业系统支持下，人口的快速增长在12世纪达到了一个高点。中国人口大概从第一个千年初的7 000万增长到12世纪的1.2亿。

然而，在整个13世纪，除了美洲之外，这些地区的人口都出现了下降。很可能是因为全球气候的变化，比如，这一时期的欧洲气候就尤其不利；或者是因为人口压力而出现人口增长的自然抑制，抑或仅仅是一种巧合。14世纪的黑死病，一场从戈壁沙漠蔓延到中国、印度、中东和欧洲的瘟疫，使欧洲人口减少了三分之一。随后是长达三百年的人口有限增长的时期。

15世纪，欧洲人对美洲的发现给当地土著居民带来了灾难性影响。美洲土著人以及北部的阿兹特克文明和南部的印加文明，因疾病、饥荒和战争而导致人口大量死亡。从16世纪起，亚洲经历了增长期以及随后的停滞。16至17世纪，日本人口增长了两倍，然后是急剧的下降。同样，中国人口在17至18世纪增长了一倍，然后再次放缓。作为一个伟大的贸易帝国，中国未能像它的欧洲邻居那样实现工业化，而是向内转，从而错失了欧洲在接下来的19世纪人口大繁荣的机会。

稳定的扩张

然后，情况于18世纪末在欧洲发生了变化。人口增长的繁荣与萧条趋于稳定。高死亡率和高生育率开始下降。那些之前曾在她们孩子成年前就失去其中多达一半孩子的妇女，如今不再只是为了保证孩子可以顺利替代他们的父母而必须生育五个或六个孩子。整个生命过程中的死亡数减少了。欧洲已进入人口转变。

到18世纪末，人类在这个世界上居住了三万年后，世界人口达到了10亿，分布在所有地区。在一百年内，超过一半的出生婴儿将达到生育年龄，并且随着预期寿命的不断增加，世界人口将开始稳定持续增长。到1930年，世界人口翻了一番达到20亿，到1975年再次翻了一番达到40亿，预计到2030年左右还将翻一番。这一时期人口的分布也发生了变化。1900年前，亚洲人口一直占世界人口的三分之二，到1900年时其占世界人口的份额下降到57%。欧洲人口占比到1900年时提高到25%，然后在20世纪末大幅回落到10%以下。非洲人口占比基本保持在15%左右，美洲保持在10%左右。

展望未来，预计亚洲和非洲人口将总体增加，欧洲和北美人口将继续减少；预计到2050年时，所有人口增长中的97%将出现在新兴经济体中，主要是在亚洲和拉丁美洲以及那些主要分布在撒哈拉以南非洲的最不发达国家。到2050年时，亚洲人口将占世界人口的55%，达到50亿，而欧洲人口将从7.4亿下降到

7.09亿，仅占全球人口的7%。

此外，从农村到城市的人口迁移，再加上自然增长，会导致城市人口出现不平衡的增长，这种情况在欠发达国家尤为突出。在19世纪末时，世界上只有10%的人口居住在城市地区。到1950年时城市人口已占到29%，到20世纪末千禧年时已超过50%，预计到2025年将达到75%。城市区域的规模也在不断增

加。1950年，只有东京和纽约两座城市的人口超过了1 000万，而现在有28座特大城市的人口超过1 000万。预计到2030年时，将有41座城市的人口超过1 000万。这些城市区域中有8座城市将容纳超过2 000万人口，而且除了两座城市以外，其他全部位于发达地区。

世界人口的年龄构成也在发生变化。据测算，按照60岁以上人口超过15岁以下人口的标准，欧洲在20世纪末千禧之交时达到成熟。到2050年，亚洲年轻人口的占比将下降，届时60岁以上人口将超过10亿，占比20%，而15岁以下人口将不到10亿，占比19%。同样，拉丁美洲和加勒比地区60岁及以上人口的占比到2040年将达到20%，而15岁以下人口的占比将降至19%。可以确定的是，到2050年时，世界上的老年人口将首次与年轻人口相同，均为20亿，分别占世界总人口的21%。但是，非洲人口将继续增长并保持年轻。预计到2050年时，非洲人口规模将倍增，从10亿增加到23亿，其中三分之一人口的年龄在15岁以下。

正如法国人口学家利维·巴奇所言："旧石器时代的上百万居民，新石器时代的1 000万居民，青铜时代的1亿居民，工业革命时代的10亿居民，或者21世纪末可能达到的100亿居民，他们所代表的肯定不只是简单的人口增长。"

13

第三章

人口学思想之父

人口学的思想可以追溯至古代。“人口统计”（demography）一词来自希腊语“demos”，意思是古希腊国家和所有古代文明的普通人民，这些古代文明都发展出了描述其人民和社会构成的方法。但是，人们通常认为人口学起源于17世纪中叶，英国统计学家约翰·格朗特是其创始人。甚至可能还有人主张说人口学有确切的诞生日期，即1662年2月27日，这一天，格朗特的《关于死亡清单的自然与政治观察》首次出版。虽然早在此日期之前就开展过包括死亡和出生人数信息的人口普查，但格朗特的《关于死亡清单的自然与政治观察》是考察这些数字中内在统计规律性的首次尝试。

然而，在考虑建立和发展“人口学”研究的理论家时，引人注目的是他们多样性的社会和学术背景。从17世纪一位好奇而务实的商人开始，接着是占星家、哲学家、统计学家、工程师和经济学家，本章中讨论的这些理论家因为对于研究人的共同兴趣而汇聚在一起。推动他们研究的动机多样性，与他们的背景多样性相比不遑多让。今天被视为学术研究的那些领域，当时是源自对市场研究、个人经济利益的兴趣，还有很多时候只是由偶然事件和环境所引发。14

英国皇家学会在人口学早期发展中起到了重要作用，其全称为“伦敦皇家自然知识促进学会”，成立于1660年，致力于“经验观察和实验，首先是对自然界和技术的研究，然后是对社会的研究”。在20世纪情况发生了重要变化，人口学成为一门学科，一开始是作为数学和统计学的一部分，然后大学开始讲授人口学课程，人口学家得到培训，人口学被承认是一个单独研究领域。1928年，国际人口问题科学调查联盟成立。

约翰·格朗特（1620—1674）

关于人口学的正式研究，可以追溯到1620年4月24日出生于伦敦的英国“统计学家”约翰·格朗特。尽管人们可以推定他多半没有上过大学，但仍然对他的其他受教育情况知之甚少。虽然缺少正规教育，但是格朗特的传记作家约翰·奥布里仍将他描述为一个有才华和好学的人，而且众所周知，格朗特自学了法语和拉丁语。约翰·格朗特跟随他的父亲亨利·格朗特到男子服饰用品商店工作，到1666年时已成为伦敦一位富裕的男子服饰用品商人。格朗特对潜在顾客群的构成很感兴趣，这促使他考察了伦敦人口的特征。格朗特研究了伦敦教区的记录资料，并于1662年发表了他的《关于死亡清单的自然与政治观察》，其中包含了第一张原始生命表（详见表1）。该表清楚而简明地呈现了伦敦不同教区教堂的数据，这些数据收集并记录了教区教堂会众的信息。尽管如今看来格朗特的方法未免有些过于简单化，但是这确实使他能够提炼出一些有趣的人口趋势。例如，他的分析显示男性的出生率和死亡率均高于女性。因此，尽管出生的男性较多，但达到“老年”的人数却较少。格朗特从而能够证明，总体而言，人口中成年男性与女性的数量基本相当。

表1　格朗特的生命表

年龄区间	区间内的死亡概率	区间开始前的生存概率
0—6	0.36	1.00
7—16	0.24	0.64
17—26	0.15	0.40
27—36	0.09	0.25
37—46	0.06	0.16
47—56	0.04	0.10
57—66	0.03	0.06
67—76	0.02	0.03

格朗特的分析还使他能够“大致估计正处于兵役年龄的男性人数、处于育龄的女性人数、家庭总数，甚至伦敦的人口”。他还可以通过他的数据来估计每个年龄段人口的生存概率，他的这些数据表明，50岁人口的死亡可能性与20岁的相同。据此，格朗特推断这些死亡并非仅与年龄有关，并提出“瘟疫”必定是最重要的因素，或者更确切地说，是各种不同“瘟疫”的混合。这些瘟疫那时已经在伦敦流行了很多年，是国王查理二世关切的一件要事，其时这位国王正在研究一种防止瘟疫在伦敦蔓延

的系统。1662年2月27日是“人口学的生日”，格朗特向英国皇家学会展示了他制作的生命表。两个月后，也就是4月26日，格朗特经国王个人推荐成为英国皇家学会的会员。16

尽管今天人们普遍认为格朗特是人口学的创始人，但是他于1674年去世，去世时已经破产而且名誉扫地。他晚年从加尔文教改信天主教，在1666年伦敦大火中失去了他的生意，以及关于他参与纵火（不太可能）的流言蜚语，令他从备受赞誉的人生顶端跌落。在他去世后，曾有人尝试将他的“死亡清单”重新归功于他的社交熟人威廉·配第爵士。尽管格朗特的“死亡清单”不是配第制作的，但是配第的成就确实建立在格朗特的开创性工作之上。尽管格朗特一生所受到的认可和赞誉可能已经消退，但是他对人口的思考方式和兴趣为今天的人口学家铺平了道路。格朗特的表格使得出生、婚姻和死亡开始被普遍登记，因此他理所当然地被称为“人口学之父”。

威廉·配第爵士（1623—1687）

威廉·配第爵士与格朗特共享一种好奇探究的精神。他们对探究知识和科学的爱好是17世纪的时代特征，这一点体现在英国皇家学会的成立上，而配第是其中一位创始成员。配第的人生开始时比格朗特更加不利，他是汉普郡一个穷苦织布工人的儿子。然而，后面随之而来的是财富和权力。他在莱顿大学、巴黎大学和牛津大学接受教育，在牛津大学拥有解剖学教授职位，在伦敦拥有音乐教授职位，又成为国会议员，并于1661年被国王查理二世封为爵士。

13岁那年，配第在海船上担任客舱服务员。但是在一次事故中他摔断了腿，然后被送到法国港口的岸上。借此机会，配第向耶稣会大学申请学习拉丁文，并在语言和数学方面均获得很好的教育。离开法国后，配第在荷兰学习医学，然后在巴黎学习
17 解剖学。在巴黎，配第成为包括帕斯卡和笛卡儿在内的科学家和哲学—数学家圈子的一员。第二年，也就是1646年，他回到英格兰在牛津大学学习医学。还不到五年，另一个机会出现了，他成为“克伦威尔在爱尔兰军队的主任医师”。到达爱尔兰后，配第进一步采取行动，夺取了他的朋友本杰明·沃斯利博士的职位，成为克伦威尔的爱尔兰土地衡量总监。在不到二十年的时间里，配第已经从一个贫穷的客舱服务员一跃成为手握大权的约10万英亩爱尔兰充公土地的所有者。

格朗特于1662年发表了他的生命表，同年，配第也出版了他对人口学的重要贡献《赋税论》。配第的工作着重于经济方面，他研究了国家在经济中的作用，触及了劳动价值论，并从死亡率推断了人口死亡对社区经济造成损失的估计。因此，配第被视为政治算术的创始人之一，他将其定义为“通过基于政府相关事务的数字进行推理的艺术”。他还创造了例如“充分就业”这样很多经济学今天还在使用的概念。

埃德蒙·哈雷（1656—1742）

埃德蒙·哈雷可能更因其在天文学方面的工作，特别是计算后来被称为“哈雷彗星”的轨道而闻名，而不是对人口学的贡献。与威廉·配第爵士一样，哈雷的专长跨越多个学科。除了研究天文学外，哈雷还研究制图学，出版了有史以来第一张气象图，并参与出版了艾萨克·牛顿1687年的《自然哲学的数学原

理》。对于人口学而言重要的是，哈雷开始对死亡率表产生兴趣，这为以后人寿保险中保险精算表的产生奠定了基础。 18

埃德蒙·哈雷1656年11月8日出生在伦敦附近的肖尔迪奇。哈雷的父亲是一位成功的肥皂制造商，他与约翰·格朗特一样，在1666年的伦敦大火中失去了大部分生意。幸运的是，哈雷的父亲仍然可以负担得起埃德蒙在家接受私人家庭教师教育，然后再去伦敦的圣保罗学校读书。他还为埃德蒙购买了必要的星象仪器，促进并资助了埃德蒙对天文学爱好的追求。1673年哈雷被牛津大学皇后学院录取时只有17岁，但他那时已经是一位“专业天文学家”了。1678年11月，年仅22岁的哈雷当选为英国皇家学会会员，成为最年轻的会员之一。1685年哈雷成为《英国皇家学会哲学学报》的编辑，他对人口学的主要贡献正是在这一时期通过其对死亡率表的兴趣做出的。他在1693年发表了布雷斯劳市的死亡率表，也就是现在的波兰弗罗茨瓦夫市，这是最早的致力于将人口的死亡率与年龄联系起来的努力之一。然而，天文学仍然是哈雷最重要的兴趣。在国王查理二世强有力的资助支持下，1697年哈雷离开英格兰前往大不列颠最南端的领土圣赫勒拿岛，任务是绘制南半球的星图。

理查德·普赖斯（1723—1791）

理查德·普赖斯出生于1723年，他是我们第一个不受国王查理二世支持的理论家。在普赖斯生活的时代，《大不列颠百科全书》于1771年首次出版，证明了那个时代人们不断追求探索发现的活力。普赖斯的朋友圈则进一步反映了那个时代的活力，他的朋友圈包括英国首相威廉·皮特、本杰明·富兰克林和启蒙哲学家大卫·休谟。普赖斯对人口学的主要贡献是他建立了人寿保险和养老金的科学体系。

普赖斯跟随其父赖斯·普赖斯牧师的脚步，成为一名公理会牧师。理查德·普赖斯是一位“异议者”，他没有追随已建立
19 的国家教会，而是选择作为长老会牧师。他是法国和美国革命的热心拥护者，在他的时代因其有争议的观点而颇有名气，他布道时经常会吸引大批听众。普赖斯以其著名的布道《论爱国》（1789）为法国大革命大唱赞歌，埃德蒙·柏克的《法国革命论》对此作了回应。像配第和哈雷一样，普赖斯的科学兴趣很多样化。他对电很感兴趣，并密切关注他朋友约瑟夫·普利斯特里的工作，后者是氧气的发现者。

普赖斯在人口学方面的主要贡献缘于他的一位熟人的去世，这位熟人就是贝叶斯先生。贝叶斯悲伤的家人问普赖斯是否可以检查一下逝者近期撰写的关于各种主题的论文。普赖斯在1765年时就因其在概率论方面的工作被选入英国皇家学会，他认识到贝叶斯的论文《机会学说中一个问题的解》的重要性，并与英国皇家学会分享这一发现。贝叶斯的论文似乎是促使普赖斯从事保险、人口学以及金融和政治改革的诱因。普赖斯在1769年致信本杰明·富兰克林，对“预期生命、人类增长和伦敦人口”发表了评论。他的观察结果于同年稍晚时候发表在《英国皇家学会哲学学报》上。

普赖斯关于人寿保险和养老金的科学体系发表于1771年的《关于复归支付的观察》中。该书与次年的《关于国债向公众的呼吁》一起出版，使得威廉·皮特重新设立偿债基金以清偿英格兰的国债。普赖斯于1776年被授予伦敦城自由奖，并在两年

后应美国国会邀请提供财政方面的政策建议。1781年，他与乔治·华盛顿一起被耶鲁大学授予法学博士学位。 20

托马斯·马尔萨斯（1766—1834）

到1798年，世界人口达到10亿左右，但那时还没有人知道。现代人口学研究的创始人托马斯·马尔萨斯说：

> 在人口方面的不断努力……使得人口增加了，但是维持生存的手段并没有增加。因此，以前供养700万人所需的粮食现在必须分配给750万或800万人。结果，穷人只能生活得更糟，其中很多人陷入了严重困境。

那时正是作为法国大革命余波的爱尔兰叛乱时期，拿破仑的舰队在海上，他的目的地未知，陆地上发生饥荒而动荡不安。1798年夏天时已经历了十年的政治动荡。1794年至1796年间，由于收成不好和高粮价威胁到农村贫民的生存，爆发了粮食暴动并使英格兰陷入瘫痪。新机器对原有秩序的广泛破坏威胁到农村手工业者的生计，也引发了劳工暴动。贫民的存在、工人的不安定、激进主义的蔓延，所有这些状况都交织在一起，促使马尔萨斯继续撰写他的论文。马尔萨斯是一位科学家，而自然是由法则构成的，科学家的作用就是为了人类的福祉去发现和阐明那些法则。

马尔萨斯1766年2月13日出生在一个富裕家庭。像理查德·普赖斯一样，马尔萨斯的父亲是大卫·休谟的熟人，也是启蒙哲学的追随者。马尔萨斯被描述为一位“经济悲观主义者”，在意识形态上与他的父亲和普赖斯都不同。普赖斯支持法国大革命，而马尔萨斯的信仰可以被看作一种对法国大革命的逆反。

马尔萨斯在家庭接受教育，之后于1784年被剑桥大学耶稣
21 学院录取，在那里他学术表现出色，于1791年获得他的文学硕士学位，1793年当选为耶稣学院的研究员。1805年，马尔萨斯成为东印度公司在赫特福德郡黑利伯里的大学的历史和政治经济学教授。这是在英国范围内第一次使用世界政治经济学命名一家学术机构。1819年，马尔萨斯当选为英国皇家学会会员。

1798年，马尔萨斯匿名出版了《人口原理》的第一版，完整的书名为《论影响社会改良前途的人口原理以及对葛德文先生孔多塞先生和其他作家预测的评论》。马尔萨斯认为，人类对社会幸福的无限希望必然是徒劳无果的，因为人口增长速度总是倾向于超出生产增长速度。

马尔萨斯的理论基于一系列假设。食物是人类生存所必需的；两性之间的激情是必需的并将保持现状；人口将以几何级数增长，食物将以较小的算术级数增加。当前的人口增长受到战争、饥荒、瘟疫等“现实性抑制”的制约。重要的是，人类要转向一系列“预防性抑制”，如克制、理性和远见来制约人口增长，以减轻苦难并改善人类福祉。

他对人类处境的立场很大程度上受到法国大革命学说的影响，也受到葛德文先生等人所持当时盛行思想的影响，这一思想认为，理性人最终可以在没有法律和制度的情况下实现繁荣与和谐的生活。相反，马尔萨斯本质上是经验主义者，他以当时严酷的现实作为自己的出发点。他的反应是按照英国经济学的传统发展的，这在今天会被认为属于社会学范畴。不过，马尔萨斯

的人口理论被纳入了经济学的理论体系。这一理论抑制了经济乐观主义，帮助证明了基于工薪阶层最低生活成本的工资理论，并劝阻传统的慈善形式。马尔萨斯的人口理论对英国的社会政 22
策产生了强烈而直接的影响。人们普遍认为，高出生率增加了国民财富。然而，马尔萨斯认为，要想实现财富的最大化，一个国家就必须在“生产能力和消费意愿”之间取得平衡。

马尔萨斯当然没有意识到他那时居住的世界正处于一个临界点上。欧洲即将从大陆和海外新领土获得新的土地供应，这使得可以在改进交通方式的帮助下，通过移民和新的粮食来源缓解农村人口压力。源自法国的节育办法缓慢传播到整个地区，因而尽管两性之间的激情可能无法控制，但是其结果（生育）可以控制。新技术即将改变农业生产，从而显著提高粮食产量，并为工人阶级提供新的劳动力来源。欧洲的人口结构转型即将开始。虽然马尔萨斯未能预料到农业革命、移民和生育控制将防止他所预测的灾难性人口过剩的发生，并因此受到批评，但是他理解出生和死亡影响人口的动力机制，并为现代人口研究奠定了基础。

从约翰·格朗特到托马斯·马尔萨斯，这些早期开拓者帮助塑造了我们对人口研究的理解。他们提请我们注意以下事实：从人口学角度研究人，与从医学角度理解人（理查德·普赖斯）或者探索人所居住的星球（埃德蒙·哈雷）一样重要。这些基础对于发展分析推理、数值问题和算术记录之间的关系至关重要。他们的工作虽然与风险及其评估的商业、法律和宗教习
语密不可分，但可以被认为构成了现代概率论的基础。 23

第四章

通往统计学和数学模型之门

到19世纪，“人口学”的研究已从约翰·格朗特的原始生命表发展为复杂的统计定律和冈珀茨、马克汉姆的理论。英国皇家学会仍在人口学的发展中发挥着作用，但随着人口学方法论的发展中心从英国转移到欧洲、美国和澳大利亚，以及国际人口问题科学调查联盟的成立，英国皇家学会的作用逐渐减弱并几乎消失了。国际人口问题科学调查联盟成立于1928年，其宗旨是作为专业机构致力于塑造人口学的未来发展。

虽然马尔萨斯关于人口原理的理论与现在的相关性不大，但是关于人类死亡率的第一个参数化模型——冈珀茨-马克汉姆死亡定律——在今天仍然有效。这一定律表明，死亡率是与年龄无关的要素（马克汉姆项）加上与年龄有关的要素（冈珀茨函数），后者随年龄呈指数增长。提出这一定律的是本杰明·冈珀茨和威廉·马克汉姆。

本杰明·冈珀茨（1779—1865）

冈珀茨1779年3月5日出生在一个犹太商人家庭，他们从荷兰移居到英格兰。作为犹太人，他无法上大学，结果他靠自学 24 成才。冈珀茨对数学产生了浓厚的兴趣，并“通过阅读牛顿和麦克劳林的著作”学习数学。冈珀茨的数学教育很大程度上得益于他在18岁时加入了斯皮塔佛德数学学会（后更名为伦敦数学学会）。关于冈珀茨加入伦敦数学学会有一桩轶事：他路过一位贫穷簿记员的店铺，店铺主人约翰·格里菲斯是一位冈珀茨很想拜会的天才数学家。两人交谈时，冈珀茨向格里菲斯求教，格里菲斯回答说，冈珀茨可能更适合教授课程，并建议他加入学会。冈珀茨于是申请并成功入选会员，而且是史上最年轻的学会会员。十三年后的1810年，冈珀茨加入了股票交易所，并于1819年成为英国皇家学会会员。

冈珀茨对人口学的最大贡献是1825年提出的“冈珀茨死亡定律”。虽然他不是第一个尝试用数学公式表达死亡定律的人，但冈珀茨的贡献在于他认为，“死亡可能是由两个普遍存在的因素共同导致的结果：一个是意外，没有先兆的死亡或恶化；另一个是恶化，或者说逐渐失去承受毁灭的能力”，人类“持续获得病痛的种子，或者换言之，死亡的可能性不断增加”。冈珀茨推导出下列公式用于描述死亡力：

$$q_x = B * C^x$$

其中，q是在准确的年龄x时死亡的概率，而B和C是常数。

冈珀茨死亡定律表明，死亡率呈几何级数增长。因此，当以

对数尺度绘制死亡率时，就可以获得一条被称为冈珀茨函数的
25 直线。1834年，冈珀茨成为英国皇家统计学会的创始成员。

威廉·马克汉姆（1826—1891）

马克汉姆对人口学的最大贡献是他对冈珀茨的“死亡定律”（1825）所做的修正。在冈珀茨向英国皇家学会提交其发现四十年后，马克汉姆建议对此做如下更改：

$$q_x = A + B * C^x$$

“其中第三个常数A表示与年龄无关的死亡因素的影响”。可见，虽然冈珀茨认为死亡率随年龄增长呈指数增长，但是马克汉姆的贡献在于增加了一个与年龄无关的常数，该常数一方面说明了与衰老无关的死亡率，另一方面额外引入了可改善模型的第三个参数。因此，马克汉姆定律是“一种精算规则：人在20岁以上某个年龄的死亡风险等于一个常数加上该年龄的一个简单指数函数”。

1860年至1910年被视为过渡时期，人口学在这一时期脱离了统计学。国际上有一批人口学家，比如兰伯特·阿道夫·雅克·奎特莱、威廉·法尔、路易斯-阿道夫、雅克·贝蒂永、约瑟夫·科洛西、安德斯·尼古拉·基亚尔、理查德·伯克、威廉·莱克西斯和路易吉·博迪奥，都为人口学、人口统计方法和人口统计分析的发展做出了重要贡献。

威廉·法尔（1807—1883）

威廉·法尔是一位英国流行病学家，被誉为医学统计学的

创始人之一。他出生在什罗普郡，父母穷苦，他在当地一位地主的资助下接受了教育，并在伦敦大学学院学习医学。1838年，在 26
英格兰和威尔士成立总登记处时，威廉·法尔被任命为统计摘要的编辑，后来被任命为统计局局长。他是英国皇家学会会员，并从1857年社会科学协会成立起就参与相关工作。法尔被任命为1851年、1861年和1871年人口普查的助理专员，并撰写了这些年份的人口普查报告，包括建立第一张英国生命表。这使他可以不受限地获得英格兰和威尔士流行病学和人口学的主要数据资源。

法尔对霍乱的研究在1848年至1867年间的三场疫情中发挥了重要作用，对该疾病的监控方法做出了重大贡献。在1848—1849年霍乱大流行期间，法尔组织了对整个英格兰和威尔士霍乱申报数据的深入研究。他发表的数据按照伦敦各区的供水情况显示了各区的人口死亡率，该数据表明，受泰晤士河污水污染最严重的地区人口死亡率最高。此后，他公开呼吁供水公司改善供水条件。当霍乱疫情于1853年再次降临伦敦时，法尔再次按水域分析了伦敦的死亡率，并得以证明在供水条件改善的地区，死亡率要低于邻近地区。

法尔还对死亡原因进行分类，通过将特定职业人群的死亡率与普通人群进行比较，对职业流行病学做出了重大贡献。最著名的事例是在1864年，法尔强调指出，康沃尔郡矿工的死亡人数比例过高，表明矿工在每个年龄段因肺部疾病导致的死亡率都比普通人群中的男性要高得多，从而得出结论：矿井内的恶劣劳动条件是造成这些疾病的原因。威廉·法尔至今仍是流行病学史上的主要人物之一。 27

弗朗西斯·高尔顿（1822—1911）和卡尔·皮尔逊（1857—1936）

人口学的实践越来越受到现代统计学的影响。弗朗西斯·高尔顿的《自然遗产》（1889）、卡尔·皮尔逊的《现代科学的范围和概念》（1891）和《对进化论的数学贡献》（1893）的出版，被视为对统计分析尊崇和认识的新开端。高尔顿和皮尔逊的工作使人们重新坚信，统计数据分析将为许多科学问题提供答案。数据正在被大量收集，诸如相关系数和其他衡量相关性的方法、卡方检验法的发明，以及对概率误差公式的日益重视等统计学进展，为现代科学奠定了基础。1928年的费希尔-蒂皮特“分布定律”则预示了大数据科学时代的来临。

罗纳德·艾尔默·费希尔爵士（1890—1962）

罗纳德·费希尔爵士1890年出生在伦敦。费希尔19岁时获得奖学金在剑桥大学研究数学，毕业时取得了天文学学士学位。我们再一次看到了理论家们对天文学的普遍兴趣。虽然这些领域可能看起来是有差异的，但这两个领域的最终目标都是通过将大量信息转化为可管理的数据，从而加深我们对世界未知特征的理解。从这个角度来看，恒星与人之间的联系会变得更加清晰。

费希尔在学生时代就对进化论产生了兴趣，并成为剑桥大学优生学学会的创始人。离开大学后，费希尔教授数学和物理学，之后被任命为洛桑实验站的统计学家，在那里他从事植物育种实验。1933年，费希尔当选为伦敦大学学院的优生学高尔顿

28

讲席教授，从1943年到1957年，他担任剑桥大学的遗传学巴尔福讲席教授。

费希尔的主要创新是其“开创了方差分析概念”。“费希尔的主要思想是将实验安排为一组分区的子实验，这些子实验之间的差异在于应用于它们之上的一个或多个因素或处理方法彼此不同。通过在统计分析中允许将结果差异归因于不同因素或不同因素的组合，这些子实验相对于在一次实验中一次仅改变一个因素的现行程序而言具有显著进步。”（《大不列颠百科全书》）

费希尔在60岁时被封为爵士，四年后发表了《统计方法和科学推断》。费希尔在数学概率方面的进步，凸显了20世纪人口学相较于18世纪的发展。弗朗西斯·培根对经验主义的认可和支持，影响了英国皇家学会的创始成员们，他理解，如果人们过于依赖简单的经验，就会错过森林，而只看到单独的树木。配第和格朗特都清楚地预见到，数学分析可以在某种程度上使观察者超越个体案例并看到更大的模式。两百年后，费希尔和蒂皮特等理论家意识到并实现了这一点。

伦纳德·亨利·蒂皮特（1902—1985）

伦纳德·蒂皮特出生于1902年，比费希尔小12岁。蒂皮特在伦敦帝国理工学院学习物理学。接下来，他成为统计学理学硕士，在伦敦大学学院高尔顿实验室师从卡尔·皮尔逊，在洛桑实验站师从费希尔。1928年，罗纳德·费希尔和伦纳德·蒂皮特用公式表达了三种类型的极限分布，以求得随机样本的最大项。费希尔和蒂皮特提出了一个定理，该定理可以被认为是极值理论的奠基石。这一理论研究的是随机变量分量化最大值的向量非退化概率分布的极限特性。

国际人口问题科学调查联盟（IUSIPP）

随着1928年国际人口问题科学调查联盟的成立，人口学领域的发展从依赖某些关键人物，转为更加依靠不断扩大的人口学家群体，尽管像以前一样，其中许多人并未接受过正式的人口学培训。第一次全球人口大会于1927年在日内瓦举行，重点是人口问题的关键性质及其对社会、经济和政治状况的影响。在大会的科学会议结束时，与会者决定应建立一个常设国际组织，以纯粹的科学精神考虑人口问题。国际人口问题科学调查联盟在巴黎成立，主要关注欧洲的人口问题。1947年，国际人口问题科学调查联盟改组为国际人口科学研究联盟（IUSSP），其兴趣和专长领域扩展到欠发达国家和新兴经济体。

到20世纪初，人口学已被认为是一个独立研究领域，大学里也开设了人口学课程，主要理论家们也已被接受和认可，并发展出一套清晰的方法和技术。这一时期的主要研究机构有：法国国立人口研究所，这是一家专门从事人口学和人口研究的法国研究机构；马克斯·普朗克人口研究所，位于德国罗斯托克；美国人口资料局成立于1929年，是一家私人非营利组织，旨在为了研究或学术目的向全世界的人们传播人口、健康和环境方面的知识。

战后数年西方的婴儿潮和发展中国家人口的迅速增长，凸显了人口预测的价值。约翰·哈伊纳尔1954年在罗马举行的世界人口大会上发表了论文《人口预测的前景》，主张在出生人数推算技术上要有更大的灵活性和多样性。哈伊纳尔是伦敦政经学院的统计学教授，他最著名的著作是1965年出版的《透视欧洲的婚姻模式》，该书指出了西欧婚姻模式与连接圣彼得堡和的里雅斯特的假想线——哈伊纳尔线——以东的欧洲人口婚姻模式之间的根本区别。

如今世界各地有很多受人尊敬和有影响力的人口学家在从事这项研究。当人口学界的成员被要求说出20世纪最具影响力的名字时，高居榜首的三个名字是：安斯利·约翰逊·科尔、威廉·布拉斯和杰克·考德威尔。这些学者均被公认对这一学科做出了关键而独特的贡献。

安斯利·约翰逊·科尔（1917—2002）

科尔是美国最重要的人口学家之一，其重要作用尤其体现在他对人口转变的研究，以及他对欧洲生育项目的领导方面。科尔在普林斯顿大学接受教育，并于1947年加入普林斯顿大学任职。他在大学的人口研究办公室度过了整个职业生涯，从1959年至1975年担任主任。他于1967年至1968年担任美国人口学会主席，并于1977年至1981年担任国际人口科学研究联盟主席。

科尔第一项有影响力的重要工作是《低收入国家的人口增长和经济发展》（1958），该书表明放缓人口增长可以促进经济发展。之后是《区域模型生命表和稳定人口》（1966）。这些模型生命表既建立了新的经验规律性，又在后来的技术发展中被证明具有极大价值，这些技术可以在数据不准确或不完整的情

31

况下用来估计人口的死亡率和生育率。科尔与威廉·布拉斯一起率先开发和使用了这些技术。

然而，他的主要科学贡献是对人口转变的理解。科尔是欧洲生育项目的缔造者，这一项目研究的是欧洲婚姻生育率显著下降的问题。

威廉·布拉斯（1921—1999）

威廉·布拉斯是英国最杰出的人口科学家之一，创造了一个重要的人口学新领域。

威廉·布拉斯1921年出生在爱丁堡，1940年至1943年在爱丁堡大学学习，并在战争服役后于1946年至1947年再次在爱丁堡大学学习。1948年至1955年，他是统计员，后来担任东非统计局副局长。在那里从事东非医学调查和一些早期殖民地人口普查工作，正是在这段时间里，他发展出了很多关于人口数据收集和分析技术的想法。他致力于解决的中心问题聚焦于发展中国家的情况，在这些国家大多数出生和死亡未得到有效记录，那么应该如何可靠地估计死亡率、出生率以及人口规模和结构的趋势？布拉斯为这个问题想出了一系列富有独创性和巧妙的解决办法，展示了如何通过向母亲们简单询问她们生过的和仍存活的孩子数，得出儿童死亡率和死亡总数，以及如何通过询问人们其父亲或母亲是否已去世，从而估计出成
32 人死亡率。

从1965年到1988年9月退休，他一直在伦敦卫生和热带医学院工作。1974年，在当时的海外开发署支持下，他在学院成立了人口研究中心，并成为该中心第一任主任。1985年，他当选为

国际人口科学研究联盟主席，任期四年。

约翰·“杰克”·考德威尔（1928—2015）

杰克·考德威尔的第一个学术职位是加纳大学的高级研究员（1962—1964），他在那里创立了人口研究部门，并开始了有关非洲人口动力学的实地研究。这一早期经历开启了他对非洲的终身兴趣。他1970年回到澳大利亚，担任澳大利亚国立大学人口学系主任，直到1988年转任国家流行病学和人口健康中心副主任。

正是在他借调担任尼日利亚伊巴丹大学人口理事会区域主管和人口学教授时（1972—1973），考德威尔参与指导了“改变非洲家庭项目”，使用人口学和人类学方法确定那些导致非洲社会生育率下降的转变。随后的《生育和家庭生育计划调查手册》（主要由考德威尔和他的妻子帕特编写）在世界生育调查的发展过程中起到了关键作用。

随着1980年代后期艾滋病毒/艾滋病的大规模流行趋势变得逐渐清晰起来，考德威尔运用自己对非洲家庭系统的知识来理解他所定义的“性网络”，并与乌干达、加纳和尼日利亚的学者合作对艾滋病毒/艾滋病流行的社会背景进行研究。1994年，考德威尔成为国际人口科学研究联盟的主席。为了纪念他的贡献，“约翰·C.考德威尔人口、卫生与发展”讲席教授职位于1998年设立。他被联合国赞誉为“人口领域最有影响力和最多产的科学家之一……他将非洲艾滋病毒/艾滋病的流行置于人口学、流行病学和社会文化现象框架内的研究工作是无与伦比的”。 33

当代人口学的理论和模型

19世纪和20世纪见证了人口学关键概念的发展和巩固。重要的是统计分析及其各种概念，例如指数、速率、比例等。现代人口统计的数据量极其庞大，因此汇总函数和指数、加权、标化、比较等，都是人口统计分析的基本内容。形式人口学涉及的是用于处理缺少或没有人口数据情况的数学方法，以及处理不确定性、可信性的方法，还包括如今使用越来越多的拟合方法。特别是新理论、假设和推测未来人口趋势的方法，已成为现代人口学技术的关键组成部分。其中很多内容我们将在第七章，也就是关于人口学家“工具箱”的章节中进行讨论。

人口学这一学科最初始于人们对知识和科学的强烈探究欲望，这一17世纪精神特质所驱动的一系列思想的集合，如今已经发展为一门成熟的正式学科，由一个国际专业机构所支持，关注的是对人口动力学的科学理解及其与社会、经济和政治因素之间的相互作用。虽然在2012年，英国皇家学会通过其题为《人与地球》的全球报告再次回到对人口问题的研究之上，但是，英国皇家学会在最初几个世纪中对人口学研究的资助和支持如今
34 已经被国际人口科学研究联盟取代了。

第五章

驱动因素

人口的规模、增速、密度、分布和年龄结构或组成，大致取决于三个驱动因素：生育（或出生数）、死亡（或死亡数）和人口迁移（或人口迁入和迁出数）。因此，大多数人口统计分析都聚焦于衡量这些驱动因素。

对死亡的主要衡量指标是粗死亡率，指的是某一时期的死亡人数与该时期的平均人口数之比；预期寿命，指的是在给定死亡条件下，某人预期能继续生存的平均年数。对某一人口群体生育的主要衡量指标是粗出生率，指的是每千人中的出生人数；总和生育率，指的是某一人口群体中出生且存活孩子人数和育龄妇女人数之比。人口迁移的不同之处在于，我们通常在封闭人口中研究死亡和生育，但人口迁移引入了开放人口的概念，即人们不仅通过出生或死亡进入和离开，而且还通过迁入和迁出我们所讨论的国家或空间而实现进入和离开。第七章将更加详细地讨论人口学家如何实际衡量这些驱动因素，以及他们所需要使用的数据。在此，我们将通过理解这些驱动因素探讨其背

35 后所反映的一些思想。

死　亡

在大多数情况下，人口群体中死亡的减少首先发生在较为年轻的年龄段，即婴儿和儿童中，然后发展到成年人，最后是推迟高龄老年人的平均死亡年龄。一般而言，改善营养和卫生条件，解决传染病和最终解决慢性病，是为了减少人口死亡而要经历的过程。

正如我们所看到的，在欧洲，有人主张说18世纪和19世纪的贸易、分配和运输系统使得食物更容易获得，新的公共卫生方案使得食物可以更安全地储藏和处理，这些都有助于改善人们的营养质量。19世纪和20世纪围绕卫生设施开展的新公共卫生方案，使得干净的饮用水、改善的卫生状况和安全的污水处理成为可能。20世纪青霉素的引入和广泛的疫苗接种计划减少了感染和传染病的患病率和死亡，最后在20世纪后期，药物和老年医学在应对慢性病和老年人患病率方面取得了进步。

另一种说法是，在发达经济体内，由于外部原因（例如传染病）导致的外源性死亡，已经被归因于先天性缺陷或衰老过程（例如大多数癌症和心血管疾病）的内源性死亡所取代。我们可以通过考虑发达经济体内不同年龄组的死亡来探讨这一问题。新生婴儿由于内源性因素具有实质性死亡风险。在即时的产后期（或出生后），诸如感染和事故这样的外源性风险逐渐变成更加重要的因素，在生命的第一年和第十五年之间，这些因素是大多数死亡的原因。此后，内源性因素再次开始占据上风，因心脏
36 病和癌症而死亡的人数缓慢增加。

然而，由于年轻人和中年人死于这些疾病的风险较低，从儿童时期开始的死亡被推迟到较晚的生命时期，那时衰老的身体特别容易受到这些疾病侵袭。

这有助于解释发达经济体中生命曲线的矩形化，死亡被持续地越来越往后推，那里的大多数死亡现在都发生在80岁以后（见图1）。目前，发达经济体的预期寿命为男性76岁，女性82岁。

20世纪和21世纪初在欠发达和最不发达国家人口死亡率的大幅下降，也是由于类似的因素。

然而，这些因素是在与历史上欧洲案例不同的背景下产生影响的，特别是传播和接受的速度更快了，部分解释缘于以下事实：虽然欧洲的进程是在过去几个世纪从诸多国家自身内部出现的，但是发展中国家在20世纪所采取的很多措施都是近几十年间从发达经济体引进的。此外，发展中国家还受益于一些协调良好的国际项目的出现：例如，1948年成立的世界卫生组织

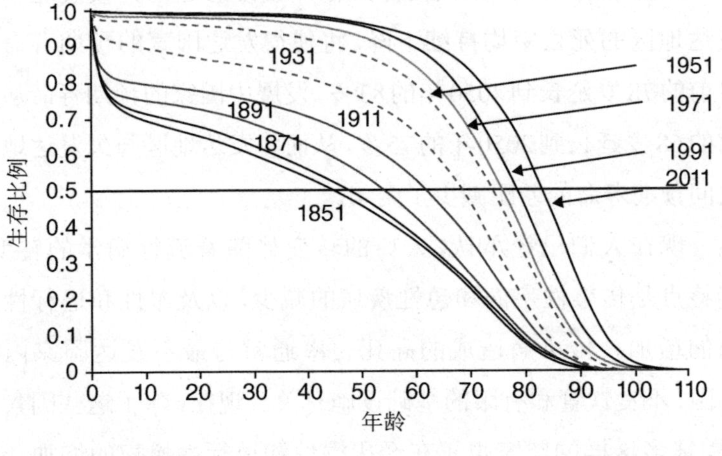

图1　矩形化的英格兰生命曲线。1850年，英格兰人的寿命很少有超过45岁；而现在有超过一半人的寿命能达到80岁

在促进全球疫苗接种计划方面的工作；国际饥荒救济计划，如联合国世界粮食计划署和联合国粮食及农业组织；以及致力于减少贫困、饥荒和患病率的非政府组织的出现，如水援助组织、乐施会、拯救儿童基金会、联合国教科文组织。

不论是历史上的欧洲，还是当今欠发达国家人口死亡率的降低，都是发生在宏观层面上的，它们与经济发展、工业化和城市化，生活水平和国内生产总值的提高，以及教育和健康保健的传播直接相关。例如，人口受教育水平的提高使得母亲和婴儿有了更好的未来，并在总体上带来较长的生育间隔和较少的生育，特别是在相对弱势的妇女群体——少女母亲和高龄母亲。这反过来也减少了孕产妇和婴儿的死亡。然而，最近有人主张说，经济增长本身对20世纪人口死亡率下降的贡献有限。关于此点主要的例子是美国，21世纪初期美国的人均收入最高，但是预期寿命却比很多其他发达经济体要低。

但是也有人认为，预期寿命存在缓慢的趋同。较发达和欠发达地区的死亡率均持续下降，将使得发达国家的预期寿命从目前的78岁延长到2050年的83岁，发展中国家的预期寿命从目前的68岁延长到2050年的75岁，从而将发达地区与欠发达地区

之间预期寿命的差距减少了两年。

现在人们已经承认，人口的转变伴随着流行病学的转变，其特点是传染性疾病和急性疾病的减少，以及慢性和退行性疾病的增加。传染病造成的高死亡率通常与最不发达国家内的贫困、不良饮食和有限的基础设施有关。现在，除了这些因素之外，很多这样的国家也正在经历慢性和退行性疾病的增加。因此，我们可以说在整个生命过程中由疟疾和脊髓灰质炎等传染

病导致的外源性因素造成的死亡风险，如今正与不断增加的因生活方式改变，特别是饮食和吸烟导致的内源性因素（例如逐渐恶化的癌症）造成的死亡风险一致起来。如今在很多发展中国家，传染病的负担与慢性病的负担一样重。国际流行病学研究的证据表明，与富裕和老年人口相关的健康问题对世界人口的影响广泛且正在扩大。在接下来的十至十五年中，世界各地的人们因心脏病、癌症和糖尿病等非传染性疾病而遭受的死亡和残疾，将比因寄生虫和传染病而造成的更多。

今天的人们对寿命延长的问题产生了兴趣。预期寿命和寿命延长经常被混淆，但它们其实是两个截然不同的概念。一般而言，预期寿命指的是在某个人口群体中个人可以预期的平均生存年限。从技术上说，预期寿命是在给定当前的死亡率条件下，某人预期能继续生存的平均年数。这一提醒很重要，它解释了为何当前英国女性的预期寿命是82岁，而英国国家统计局却在2014年宣布，英国第一批预期寿命为100岁的女婴已经出生。确实，在21世纪初，很多发达经济体中新出生婴儿的预期寿命可能约为103岁（见表2）。这是因为，在这些女婴的一生中，当前的死亡率将发生很大的变化，而她们将从中受益。

39

因此，她们一生的大部分时间都不会生活在当前的死亡率条件下。预期寿命的提高在很大程度上是由于较小年龄段死亡率下降所致，因为更多的婴儿、儿童和年轻人存活下来，所以人口的平均预期寿命提高了。过去的一百五十年中，发达经济体的人口预期寿命一直在持续提高，每过十年提高两年半，或者说每过一天提高六个小时。

表2　八个国家中某个出生队列至少50%成员仍健在的最高年龄

	2000	2001	2002	2003	2004	2005	2006	2007
加拿大	102	102	103	103	103	104	104	104
丹麦	99	99	100	100	101	101	101	101
法国	102	102	103	103	103	104	104	104
德国	99	100	100	100	101	101	101	102
意大利	102	102	102	103	103	103	103	104
日本	104	105	105	105	106	106	106	107
英国	100	101	101	101	102	102	103	103
美国	101	102	102	103	103	103	104	104

数据以年为单位，基准数据从人类死亡数据库中获得，指的是各个国家的总人口

40

寿命延长是指推迟人类可以达到的最高寿命。人类的寿命只有足够长才可以生育并确保其后代的生存。这就是“必要寿命”。但是，在世界大多数国家中，我们大多数人的寿命都超出了这一必要寿命。在发达经济体中，最年长的人群现在死亡率下降最大，以至于预期寿命开始与寿命延长的概念联系起来。寿命延长的驱动因素似乎有四个方面：健康生活、疾病预防和治疗、延缓老化或预防衰老，以及再生医学。有人已经提出，健康的生活以及疾病的预防和治疗，可以将发达国家大多数人的寿命提高至百岁。

确实，英国的百岁老人很可能从目前的约1.2万人增加到21世纪中叶的50万人，到21世纪末将超过100万人。在英国，有800万人的寿命可能达到百岁，而在欧洲，这一数字将达到1.27亿。然而，我们可能需要延缓老化和再生医学才能实现这样的寿命延长（方框3）。

方框3 人类可以永远活下去吗？

有些人断言，科学的进步最终将使人类可以活一千年或更长时间。其他人则质疑人类生物学是否可以允许这样极端的寿命延长。虽然很少有人相信“人类的年龄有固定的极限”，但是同样很少有人认为我们是长生不死的。现实可能介于这两个极端之间。可能的是在未来，我们将能够替换掉我们的大部分身体成为一种生化人，如果全部替换掉则能永生。那么，根本的问题就变成了生物学、社会学和哲学上的问题——那样子还算是真正的人类吗？

生育

就生育率而言，现在世界上有三分之一的国家或地区处在或低于人口更替水平——粗略定义是总和生育率要达到2.1。这些国家或地区多种多样，包括中国香港、波兰、德国、巴巴多斯、泰国、越南、毛里求斯、伊朗、智利、突尼斯、美国和缅甸（见表3）。

表3　总和生育率，2012年

中国香港	1.3
德国	1.4
越南	1.8
伊朗	1.9
美国	1.9
阿根廷	2.2
委内瑞拉	2.4
印度	2.5
巴基斯坦	3.3
津巴布韦	3.6
阿富汗	5.1
乍得	6.4
尼日尔	7.6

另有58个国家处于中低水平，即总和生育率为2.1—3.0，其中包括爱尔兰、新西兰、印度尼西亚、阿根廷、斯里兰卡、孟加拉国、墨西哥、委内瑞拉、博茨瓦纳、埃及、萨摩亚和印度。有18个国家处

42

于3.0—4.1的中高水平，其中包括津巴布韦、玻利维亚和巴基斯坦。有48个国家保持在高水平，即4.1及以上，其中大多数被联合国列为最不发达国家，绝大多数但不全是分布在撒哈拉以南非洲。

生育减少的真正驱动因素长期以来一直存在争议，但是大致可分为三种立场。一种理论认为，生育减少是对婴儿死亡率下降的反应，换言之，儿童存活率的提高减少了为达到想要的存活儿童数而需要的出生数。尽管有证据表明，在美国和法国，生育减少确实是在死亡减少之前发生的，但还是有人认为，生育减少从未在死亡没有减少的情况下发生过。第二种立场是，现代家庭生育计划方法的引入使妇女能够选择生育数。虽然在很多传统的和历史的社会中都采用过某些避孕措施，但是现代避孕方法使家庭生育计划政策更为成功。第三种广为接受的假设是，生育的减少受到教育的驱动。那些妇女受教育水平较高的国家与那些低于人口更替生育水平的国家之间有着很强的相关性。同样，那些女性受教育水平较低的国家有着较高的生育率。特别是女孩接受的教育，不仅会鼓励她们晚婚晚育，使她们有机会进入劳动力市场，从而减少了生育数；而且至关重要的是，这改变了妇女及其所处社区的“观念”，使得她们能够认识到哪些是她们可以做出的替代选择。当代最伟大的人口学家之一杰克·考德威尔，确实将“观念变化”认定为导致生育减少的最大因素。近期人口学研究在微观决策层面上的发展，也已经在利用心理学理论帮助理解个体心理特征的作用，以及这些特征如何决定个体对生育和家庭规模的态度。 43

1950年，欧洲的总和生育率是每名育龄妇女生育2.5个孩子。到2010年，这一数字已经降至1.5。在西欧，除法国以外，所有国家现在都低于人口更替水平，而地中海南部国家为1.2和1.3。在亚洲，新加坡、韩国和中国香港现在已经降至1.2以下。确实有一些人口学家对极低的生育率可能由于人口惯性变得不可逆转表示了担忧。

关于低生育率的争论主要集中在三个方面：夫妇更替、年轻人和中年人更替，以及环境压力。人们通常认为，一对夫妇——男人和女人——希望有后代能替代自己是一种自然愿望，这被转化为“二孩准则”。虽然从基因上说，每个孩子都有一半基因来自母亲，一半基因来自父亲，意味着一个孩子是足够的；但是，即使在低死亡率社会中，生育两个孩子也可能是一种规避风险的行为，或者是为了达成每种性别一个孩子的目标，或者是出于一种为第一个孩子添一个弟弟或妹妹的社会意义上的渴望。这是从个体和夫妇层面而言的个人最优生育。社会层面的最优生育经常被放在国家人口更替或劳动力市场更替的背景下讨论，近年来则与地球承载能力相联系。国家层面上的人口更替生育与育龄妇女占总人口的百分比紧密相关。如果在某个人口群体中育龄妇女的比例较高，那么只需要较低的生育率就能达到人口更替的目的；如果育龄妇女的比例较低，则需要较高的生育率才能实现人口更替。

一些亚洲和欧洲国家可能处于所谓的“低生育陷阱”中。这是由两种人口因素共同造成的。其中之一是这样一种事实，即未来潜在的母亲越少，则出生数就越少；另一种是社会因素，即年轻世代所认为的理想家庭规模也在缩小，因为他们目睹了之前世代养育的孩子数更少。如今有人认为，一些国家生育率极低（低于1.5）的状况已经持续了超过一代的时间，已经适应了无子女或独生子女的家庭很难再次提高生育率。例如，雇佣模式有所改变，托儿和学校设施也在减少。中国的例子正是如此，在中国独生子女政策已经实施了三十年，因此有大量的独生子女现在正处在育龄。尽管现在已经允许生两个孩子，但是调查证据表明，很多人自己还是选择只生一个孩子，因为这正是他们自己的经历——他们是在一个独生子女的社会中长大的。

人口的快速增长和高生育率威胁着最贫穷发展中国家个人和社区的福祉。虽然家庭生育计划/性健康和生殖健康计划在帮助妇女达到她们所期望的家庭规模方面取得了全球性的重大进展，但是在世界某些地区，特别是撒哈拉以南非洲地区，生育率的下降正在减缓甚至停滞。在这一地区，总和生育率仍然很高，每名妇女要生育四到七个孩子。从普遍的宏观因素（详见第二章）来看可以明显发现，低教育程度、缺乏家庭生育计划和婴儿死亡都助长了该地区的高生育率，尽管它们并不是仅有的因素。

例如，有证据表明，婴儿和儿童的死亡率持续处于高位，是撒哈拉以南非洲地区生育率下降的重大障碍。该地区的儿童死亡水平最高，2012年的婴儿死亡率为每千个活产婴儿中有64例死亡，总共约有200万个婴儿死亡，占到同期全球所有婴儿死亡数的近一半。除此以外，那些妇女受到良好教育——至少60%至80%育龄妇女完成了初中教育——的国家，与那些低于人口更替生育水平的国家之间有着很强的关联。 45

同样，那些女性受教育率较低——只有不到40%育龄妇女完成了初中教育——的国家总和生育率较高。女孩的中等教育情况也极大地影响着生育率。世界银行的一项研究发现，女孩

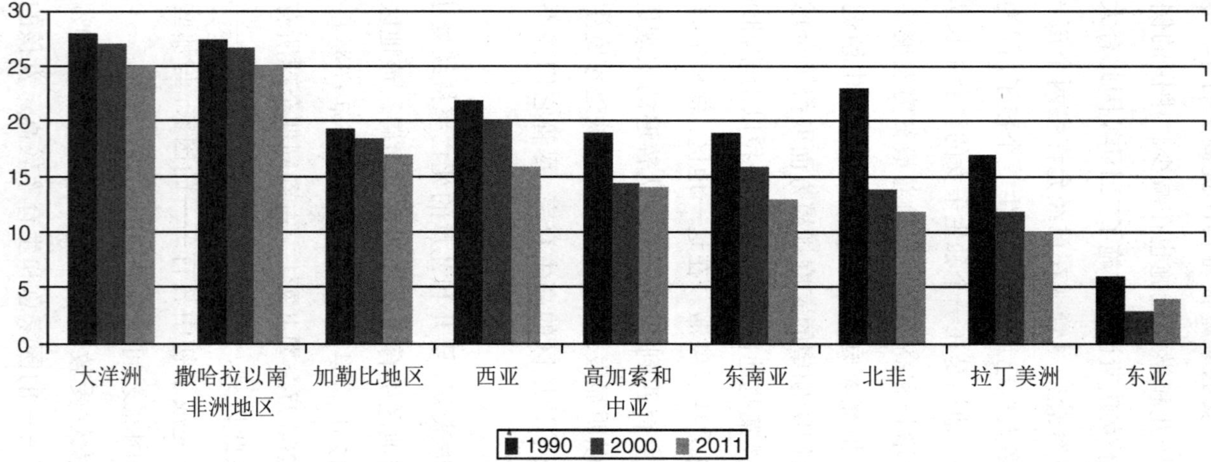

图2　1990年、2000年和2011年15—49岁女性有未满足的家庭生育计划需求的百分比

每多接受四年教育，就会大约少生育一孩。其他研究也表明，受过中等教育的妇女比例增加一倍，平均生育率会从每名妇女5.3个孩子减少到3.9个孩子。

未满足的家庭生育计划需求可定义为15—49岁有性伙伴，想要推迟或避免生育但未使用任何避孕措施的妇女的比例。目前，全球有超过1.4亿名妇女处于这一境地。如图2所示，不同地区之间未满足的家庭生育计划需求水平差异较大，大洋洲和撒哈拉以南非洲地区最高。然而，定义未满足的家庭生育计划需求水平并非易事，因为在某些国家，妇女出于文化或社会原因可能会想要有大家庭，因而虽然总和生育率较高但是避孕措施使用率较低。尼日尔就是例子之一，总和生育率为7.6，但是报告的理想家庭规模超过9人。

在世界这一地区从事生育研究的人口学家都清楚地知道，生育率下降的驱动因素很复杂，研究主要关注于家庭和社会影响、文化和宗教因素、工作以及其他活动等诸多方面。

人口迁移

通过迁移者的数量、相对年轻的年龄结构及其较高的生育能力等因素之间的相互作用，人口迁移会对人口增长和人口结构产生潜在、强大而持久的影响。通常，研究人员将推力因素和拉力因素区分开来，认为人口迁移是由起源地和目的地的因素引起的。推拉假设认为，在每一端都有促进的因素和阻碍迁移 47
的因素，并且这些因素之间的平衡决定了最终人口流动的规模和强度。半个多世纪以来，主要的全球性人口流动是劳工输入形式的人力资本移民，从贫穷“年轻的”发展中国家（亚洲、非洲和拉丁美洲）迁入富有“年老的”发达国家（主要是美国以及欧洲那些前殖民国家，例如英国、法国，还有西班牙、葡萄牙这样的伊比利亚国家），换取经济资本的反向流动，有的是从国家政府获得，有的是以个人汇款形式。

关于国际人口迁移的最初理论，大约是在两百五十年前发展起来的。瑞典学者克里格于1764年提出假设，低工资和食物配给不足是迫使家庭离开瑞典的推力因素。类似的观点在19世纪被引入法国和英国，提出推拉因素必须伴以所涉及地区或国家之间的网络和交通，而且一个方向上的大量流动将导致另一个方向上的反向流动。这里的关键是拉文斯坦关于人口迁移法则的研究成果，今天研究人口迁移的研究者们仍在以某种形式使用它（方框4）。

经济学、地理学和政治学的理论立场，在20世纪被引入关于人口迁移的研究，强调了促进和阻碍人口迁移的因素所起的作用，例如，空间和文化距离、迁移成本和政府政策。从社会学角度探讨了人口迁移系统中权力与声望的关系，解释了一些发展中国家—发达国家—发展中国家的迁移行为，这种迁移行为指的是发展中国家的低阶层贫穷个体流向发达国家，在那里积攒财富，使得他们能在搬回原来国家时跻身较高的阶层。关于反馈和回流的类似理论也应运而生，提出了迁移到新地区的一小部分移民会通过个人网络，或建立提供协助行为的专业团体和机构，从而引发大量后续人口流动。人口学家提出了将移民同化进接收国的观点，并形式化了抚养负担和人口潜力的概念，以解释从“年轻的”发展中国家到“年老的”发达国家的人口迁移现象。

方框4　拉文斯坦的人口迁移法则

这些法则由E. G. 拉文斯坦（1885）制定，表述如下：

1. 大多数迁移者只作短距离迁移。

2. 迁移是分阶段发生的，由此迁出者空出的地方会被来自较偏远地区的迁入者占据。

3. 每次迁移都会产生一个相反方向的人口流动。

4. 长期的迁移者通常是迁至城市地区。

5. 农村居民比城市居民更容易迁移。

6. 女性更多是短距离迁移，男性更多是长距离迁移。

7. 大多数迁移者是成年人。

8. 大城镇的迁移人口增长要多于自然增长。

9. 迁移随着经济发展和运输条件改善而增加。

10. 迁移的主要原因是经济原因。

如今，人们认识到推力因素可能是结构性的（在宏观层面上）或个体性的（在微观层面上）。在宏观层面上，人口的快速增长和对资源的竞争可能导致人口外流。同样，战争、饥荒、环境危机、受迫害和贫穷被指出是个体动机。拉力因素通常与推力因素松散相关，并且较难区分。例如，发展中国家的贫穷的推力因素是由发达国家的获得财富机会的拉力因素所体现的；农 49
村地区缺少工作机会可能会推动移民流向城市地区，而在那里他们则是被就业机会所拉动的。

洲际人口迁移一直以来都对发达经济体和欠发达经济体的人口结构产生着影响。从哥伦布时代和15世纪欧洲发现新大陆以来，大多数国际人口迁移都起源于欧洲，流向美洲以及亚洲和非洲的南部地区。第二次世界大战之后，来自发展中国家的人口迁移开始增多，这些地区内部的人口迁移也有所增加（见表4）。预计发达国家对迁入劳动力的拉动需求可能会被发展中国家改善生活的推动需求所取代。结果，发达国家的政府很可能会采取限制措施以减少目前的这种国家间流动。然而，其他人认为，主要的流动将越来越多地从发展中国家到发展中国家，而发达国家将开始失去亚洲、非洲和拉丁美洲的工人所提供的技能和劳动。在过去的十年中，一个重要的变化是女性移民的增加，特别是来自亚洲的女性移民的增加，这是健康和社会护理移民劳工团体向发达国家迁移的一部分。

在过去的半个世纪中，来往于撒哈拉以南非洲地区的人口流动已经显现出变化。在1960年之前，主要的流动是欧洲人和亚洲人进入该地区。这种情况在1960年后的非殖民地运动中得到扭转，那里的独立鼓励了撒哈拉以南非洲的人口流出，主要是流向欧洲，例如1970年代被驱逐出境并移居葡萄牙的来自撒哈拉以南非洲殖民地的近80万葡萄牙裔居民，又如1972年来自乌干达的英裔亚洲人，以及1980年代迁入以色列的埃塞俄比亚裔犹太人。长期以来，中东对外国劳工一直很有吸引力。但是，移民的来源已经从1970年代主要是印度、伊朗和巴基斯坦，变为也包括东亚和东南亚在内，尤其是菲律宾和印度尼西亚。

另外，尽管迁往其他亚洲和欧洲国家的人数已有所增加，但是来自南亚的移民仍延续着他们与英国的主要联系。在过去的几十年中，从中南半岛、韩国和菲律宾移民美国的数量一直保持稳定。原因之一是由于地区冲突的发生，在朝鲜、柬埔寨和越南

表4 世界不同区域和选定国家的人口净迁移数，净迁移数按性别与合计表示（千人）

主要地区、区域、国家	1950—1955	1955—1960	1960—1965	1965—1970	1970—1975	1975—1980	1980—1985	1985—1990	1990—1995	1995—2000	2000—2005	2005—2010
较发达区域	893	−607	2 287	3 728	6 535	6 532	6 841	7 907	11 558	13 923	17 142	17 412
欠发达区域	−893	607	−2 287	−3 728	−6 535	−6 532	−6 841	−7 907	−11 558	−13 923	−17 142	−17 412
最不发达国家	−502	−544	−851	−835	−4 775	−4 392	−6 400	−3 981	2 738	−3 467	−4 640	−7 457
除最不发达国家以外的欠发达区域	−391	1 151	−1 436	−2 892	−1 760	−2 140	−441	−3 926	−14 296	−10 456	−12 502	−9 955
除中国以外的欠发达区域	−875	471	−1 739	−4 043	−5 456	−6 667	−6 637	−7 668	−10 732	−13 758	−14 965	−15 601
撒哈拉以南非洲地区	−190	−132	−237	−81	−854	−1 167	−1 162	−1 412	−450	−1 137	−429	−184
亚洲	−242	1 399	173	−57	−1 789	−1 404	−308	−2 632	−7 155	−6 189	−8 074	−9 729

续 表

主要地区、区域、国家	1950—1955	1955—1960	1960—1965	1965—1970	1970—1975	1975—1980	1980—1985	1985—1990	1990—1995	1995—2000	2000—2005	2005—2010
东亚	−530	108	−620	805	−1 072	15	325	−432	−1 096	−715	−1 667	−1 042
中国	−166	−8	−1 059	−13	−1 113	−428	−258	−236	−824	−607	−2 298	−1 884
南亚	−530	108	−620	805	−1 072	15	325	−432	−1 096	−715	−1 667	−1 042
印度	−107	−4	−86	−246	2 119	1 131	483	45	−127	−443	−1 923	−2 978
欧洲	−1 273	−2 995	521	−106	2 125	2 018	2 164	3 088	5 487	4 112	9 373	9 288
东欧	60	−1 951	−1 137	−360	−177	488	918	135	1 222	1 092	1 036	2 581

发生冲突期间及以后，上述地区有近150万人移居到北美洲和欧洲；其二是通过劳动力移民。与非洲一样，直到1950年代，南美洲都是欧洲移民的一个主要接收者，但这种情况在20世纪后期有所逆转，当时该地区的人口开始向前欧洲殖民大国和美国流动。返乡移民的一个有趣例子是日裔巴西人和日裔秘鲁人向日本的迁移。这是日本政府在1980年代做出决定允许日裔血统海外人士在日本定居的结果。

泽林斯基在1970年代对农村地区内部以及从农村到城市的人口迁移现象进行了理论分析，他认为在时间上存在连续的迁移阶段，首先是从农村到农村，然后是从农村到城市，再后是从城市到城市。虽然这被认为过于简单以至于无法解释国家间的人口迁移，但这一描述在很多国家内部往往是适用的。乡城迁移在当代特别受到关注，因为这是城市获得发展的关键因素。其中的推力和拉力因素都已得到确认。农村地区的人口压力减少了人们获得食物和住房等自然资源的机会，或者是新技术的引入减少了农业工作机会，这都会为迁移提供推力。拉力则来自城市中更易获得的教育和医疗设施、更高的收入以及更多的就业机会。无论是出于什么原因，在过去的几个世纪中，农村人口向城市的迁移无疑为城市中心的快速发展做出了贡献。例如，据估计，在过去的五十年中，中国近5亿城镇人口增长中的三分之二是由于乡城迁移。在世界其他地区，从农村到农村的人口迁移较多。在南非，很多使用农村人口监测站点数据的研究，记录了农村人口向其他村庄、半城市化城镇和大都市周边农村地区迁移增加的趋势，有证据表明，超过40%的人在一生中的某个时候曾从一个地区迁移到另一个地区（方框5）。

53

方框5　为什么女性比男性活得长?

在所有社会中，一旦妇女过了生育年龄，她们的寿命往往会比男性长得多，而且女性的身体似乎就被创造得比男性更容易长寿。例如，就基因组成而言，女性有两个X染色体，即XX，而男性只有一个X染色体，即XY。因此，如果女性在一个X染色体上有缺陷，还有第二个X染色体可以弥补，但是男性却没有这种优势。关于我们的激素系统也有一些有趣的证据。雌性激素可以预防多种影响人体的疾病，但雄性激素，即睾丸激素不仅不能预防，甚至会增加患病率和死亡。似乎女性的免疫系统比男性的免疫系统更强，而且男性的免疫系统似乎不能像女性的免疫系统那样有效地抵御细菌或病毒感染。

第六章

人口转变——人口学的核心内容

“人口转变”被视为人口学的核心内容之一。它是指死亡率和生育率持续下降，由此各国从高死亡率和高出生率转变为低死亡率和低出生率。正如我们在第二章中所看到的，在18世纪之前人口不断增长、停滞、下降，然后又重回增长。人口的生育率和死亡率会对包括战争、饥荒、丰裕和流离失所在内的环境和社会变化做出反应。然而，情况在18世纪发生了新的转变，这一转变导致人口迅速增加（与新石器时代的农业转变一样），但随后也造成人口生育率的稳定下降，带来人口减少和老龄化。这一转变在欧洲从1750年后的某时开始，在亚洲和拉丁美洲从20世纪开始，现在有迹象表明，非洲将在21世纪经历这一转变，到那时，这似乎将成为人类历史中“增长—衰退—增长”周期的根本性突破。

欧洲的人口转变为什么会在某时某地以某种方式发生，关于这一类问题的争论很多，同样激烈的争论也发生在对发展中国家人口转变此类问题的研究中。然而，随着人类经济发展，死亡率降低，人口增加，生育率下降，人口增长会趋于平稳，甚至出现下降。人口转变理论（或系列理论）大致可以分为三个部分。
55 第一部分描述了人口死亡率和生育率随时间的变化。这一部分通常基于清晰的数据且不存在争议。第二个部分争议最多，因为这一部分理论试图构建可以解释上述变化的时间、速度和动因的因果模型。第三部分是最不确定的，因为人口学家试图借此预测未来的变化，特别是发展中国家的人口变化。

人们认识到，经典的人口转变包括四个主要阶段（见图3）。在第一阶段，人口因疾病、饥荒、营养不良，以及缺乏清洁饮用水和卫生设施而死亡率很高；人们没有动力，甚至没有想法减少生育，这些人口群体的出生率和死亡率都很高，人口规模相对较小但经常波动，例如1780年以前的英格兰和今天的埃塞俄比亚。在第二阶段，公共健康、卫生设施、清洁饮用水和食物供给得到改善，死亡率下降，特别是婴儿和儿童的死亡率下降。然而，生

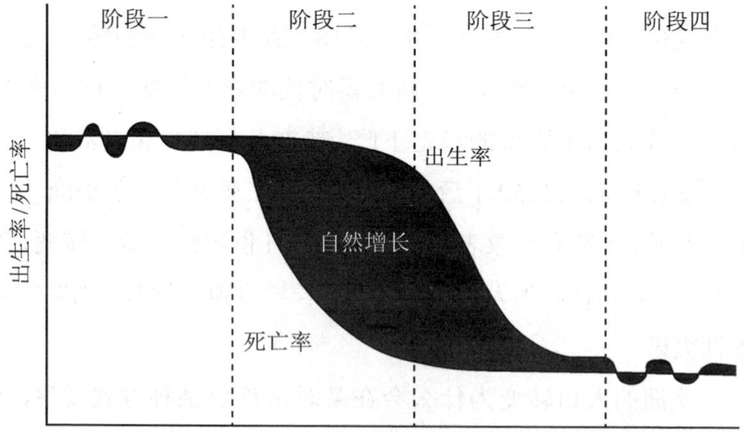

图3　人口转变

育率仍然很高，导致人口规模迅速扩大，例如19世纪的英格兰和今天的苏丹。在第三阶段，总和生育率迅速下降，同时死亡率也很低。人口规模仍在不断扩大，但增速在放缓，例如20世纪初期的英国和乌拉圭。在第四阶段，人口的死亡率和生育率都较低，人口相对稳定，呈现老龄化，例如今天的英国和加拿大。在人口转变的后期，人口惯性可能会发生作用，使得远低于人口更替的生育水平经过数个出生队列得以完全确立。如果没有迁入人口的维持，这将导致人口数量的下降。虽然很多人将其视为人口转变的终结阶段，但也有一些人认为这代表了第二次人口转变。

有人主张，这种转变给人类社会带来了广泛而深刻的变化。死亡率的下降使得人们活到成年和较长寿命的可能性更大，确保了一定的稳定性，人们能够为未来做计划，可以储蓄并投资于经济和人力资本。人口增速的提高导致人口迁移、人口密度增加或城市化，其本身也会引致更加复杂的劳动分工和行政管理系统。 56

家庭角色和人际关系也会发生变化，并且随着生育率的下降，女性能够过上与男性更为相似的生活。从人口学上看，人口群体从包含大量和占比很高的低龄受抚养者，转变为包含大量和占比很高的老龄受抚养者。因此，抚养比和供养比发生了变化，抚养比是衡量劳动年龄人口与老龄和低龄受抚养年龄人口之比的指标，而供养比则是衡量劳动年龄人口与老龄受抚养人口之比的指标。

例如，在典型的转变前社会，人们出生时的预期寿命在40岁以下，妇女成年后的大部分时间都是在生育子女，平均预期会有四到七个孩子，其中很多在婴儿期和分娩时就死亡了。结果，

父母有较大可能性比子女活得长。在这些社会中，大约有40%
57 的人口年龄在15岁以下。这些社会通常人口密度较低，即大部分是农村地区，农业是主要的生产活动。大多数人口迁移是从农村到农村，性别、地位和权力关系典型地由先天决定，而社会流动基本可以忽略不计。在转变后社会中，大多数死亡发生在65岁以后，女性的出生时预期寿命超过75岁，甚至80岁，而父母比子女活得长的可能性可以忽略不计。妇女平均生两个或更少的孩子，其中大多数能够活到成年，妇女从而能够腾出时间从事其他活动，在更广泛的经济和政治组织中发挥更大的作用。多达三分之一的人口超过60岁，超过80岁的人口比例也在增加，15岁以下的人口比例通常下降到不足20%。现在，多达四分之三的人口生活在高密度的城市地区，并且农村和城市生活方式正在融合。所有人在教育上都花费更多时间，人们现在从事的职业较为多样化，主要是在工业和服务业。大多数人口迁移是从农村到城市或从城市到城市。社会流动性增加，性别和权力关系更加灵活多变。

对人口转变的理论化和再理论化

汤普森（1929）和卡尔·桑德斯（1936）在关于人口转变的早期著作中，已经将人口转变确定为一系列不同阶段。然而，诺特斯坦写于1945年的著作，使他被公认为是第一个试图简洁地解释人口转变的理论家。他认为，城市工业生活剥夺了家庭的很多功能。在工业化条件下，对熟练劳动力的需求不断增长，因此教育需求增加了养育孩子的成本，并减少了孩子通过有偿劳动可以获得的潜在经济贡献。死亡率的下降正在增加存活孩子

的数量，而这必须得到某种形式的支撑。作为回应，新出生婴儿
的数量开始下降。金斯利·戴维斯在1963年的著作中发展并
提出了最后一点，他认为，死亡率下降不仅增加了存活儿童的数 58
量，而且增加了寿命更长的成年人的数量。这给家庭和社区都
造成了压力。他认为，家庭有三种选择：向外迁移、延迟结婚和
加强节育。1970年代，在科尔领导下的普林斯顿欧洲生育项目
开发出了普林斯顿指数，并得出结论认为，欧洲生育率的下降更
多是由于那些关于公认的家庭规模和生育行为的文化传播，而
不是经济发展。这与后来考德威尔的理论相吻合，后者强调思
想观念的传播是发展中国家生育率下降的关键影响因素。

然而，关于欧洲和发展中国家的人口转变理论一直受到质疑。在对欧洲的适用性方面，有人争辩说，这一理论无法解释为什么不同国家在转变时间和进程上都各不相同。此外，人口死亡率下降的时间和速度与生育率下降的时间和速度之间的关系是如此易变，以至于理论自身似乎都无法解释所有已发生的重大事件。人口生育发展中的社会经济模式也未能被解释说明；然而，考虑到显著的贫富差异，不太可能用一种理论解释两种情况。最后，一旦人口生育率下降，它就会上下波动，而不是像经典模型表明的那样保持稳定。

18世纪下半叶见证了欧洲人口的巨大转变——人口死亡率显示出下降的迹象，预期寿命开始增加。虽然仍存在诸如流行病和饥荒之类的危机，但是死亡率总体上一直在稳定下降，结果是，预期寿命在19世纪和20世纪稳定增加。例如，从1750年至1850年，英格兰、法国和瑞典的预期寿命每年的增幅不到一个月，从1850年往后每年的增幅提高到两个月，到20世纪每年

59 的增幅则提高到四到五个月。首要原因是生活水平和公共卫生的改善，其次是得益于疫苗接种和药物治疗，先是婴儿和儿童阶段的死亡率下降，然后是直至老年的整个生命过程中的死亡率下降。例如，一项对意大利和英格兰/威尔士在1850年至1950年一百年间死亡原因的比较研究表明，这一时期平均预期寿命增加的三分之二是由于传染性、呼吸性和肠道性疾病得到控制。平均预期寿命增加的三分之二发生在15岁以下的人群中，只有大约15%来自40岁以上人群死亡的减少。

因此，在人口死亡率转变的早期阶段，经济条件改善似乎是主要的驱动力，但随着人口死亡率下降的进展，医学进步以及生活方式和行为的改变则变得越来越重要。在转变的后期，经济发展与死亡率下降之间的联系似乎脱钩了，例如，将21世纪的意大利与美国作比较，意大利的国内生产总值仅为美国的一半，但出生时预期寿命却更长，达到80岁，而美国为77岁。这既可以通过参考美国巨大的社会不平等问题进行解释，也可以通过参考经济高度发展可能导致不健康生活方式（低水平的运动，增加对不健康食品和酒精的消费，促使肥胖症和慢性病产生）的事实来说明。

在人口生育率转变方面，欧洲的生育率是逐步下降的。在瑞典、英格兰/威尔士这两个可以根据统计数据推算总和生育率的国家，1750年时总和生育率分别为4和5，到1875年时均达到3，到1900年时已降至人口更替水平以下。其中，宏观和微观因素相互影响、过程复杂，无法与一个明确的驱动因素关联。在整个欧洲大陆，它也呈现很大的差异。显然，社会和经济发展也是一个重要影响因素，但是即使如此，这种影响关系

也不是简单明了的。例如，乡村法国生育率的下降就比经济上更发达的工业化邻国英国来得更早且更快。人口学家认为，这 60
背后的原因部分与初婚年龄不同有关，初婚年龄在东欧较早，在北欧和西欧较晚；而且节育方法正是从18世纪末的法国开始，在接下来的一个世纪中传播到整个欧洲的其他地区。欧洲东部的高生育水平和西部的低生育水平反映了这一点，特别是在法国。实际上，文化、宗教、种族和政治立场也是重要的影响因素。正如比利时人口学家莱斯塔格所指出的那样，讲法语的比利时乡村地区的出生率下降就早于讲荷兰语的比利时城市中心地区。

虽然发展中国家的人口转变与欧洲国家的经历类似，但也存在显著差异。主要影响因素是发展中国家人口转变的快速性。欧洲的人口转变从较低的生育率和死亡率开始，稳定且缓慢。死亡率的下降和生育率的下降之间通常只有短暂的滞后，使得人口以每年低于1%的速度稳定增长。欠发达国家的人口转变从较高的死亡和生育水平开始。它们下降得更快，但死亡率下降和生育率下降之间的间隔时间更长，因而近年来人口快速增长，每年增速达到2%以上。

在欧洲和其他发达经济体中，变革的步伐取决于卫生和公共健康方面的新观念和创新，然后取决于医学，也就是医学的产生并在社会中传播；而在欠发达国家中，这些创新则是从富裕国家转移而来，并以极快的速度传播。结果，人口的死亡率在20世纪下半叶显著下降，而预期寿命在短短五十年中增加了三分之一以上。虽然减少疾病和死亡的欲望是普遍的，但是减少生育并降低生育率的愿望却更加细微而复杂。结果，虽

61 然死亡率已经下降了，但是已经确立的人口动量加之社会和文化习俗却阻碍了生育率以同等速率下降，由此导致人口急剧增加。有人认为，马尔萨斯人口论者抑制了欧洲的婚姻，降低了出生率（因为已婚人口少，或者根本不结婚），但这一现象在发展中国家并未出现。

但是，亚洲和拉丁美洲的欠发达国家总体上的生育率正在降低，但与最不发达国家（其中大多数位于撒哈拉以南非洲地区）仍存在显著差异，后者的死亡率下降较慢，而生育率仍然保持在高位。

人们就人口转变理论在发展中国家的适用性甚至提出了更多质疑。虽然很多新兴经济体的生育率和死亡率都在下降，但是也有一些发展中国家的例子显示，其人口生育水平仍然保持在高位。确实另有观点认为，不同国家在规模、历史、文化、地理和宗教等方面的高度差异，正使得欧洲曾经历过的经典人口转变过程变得复杂起来。

然而，很多人还是认为，人口转变仍然是现代人口学的核心理论，如果不将人口转变放在核心研究就无法理解当代人口学的发展。确实，经济学家和人口学家在此处的观点有所不同。经济学家通常认为人口转变是经济增长的结果，人口学家则认为这是一个更复杂的过程，受社会文化以及经济因素的驱动。确实有人甚至提出，人口转变对经济的影响要大于经济因素对人口转变的影响，并且这种人口转变在发展过程中起着与经济
62 增长同样重要的作用。

一些人口学家现在认为，低生育率国家正处于第二次人口转变之中，这使得人口生育率远低于人口更替水平。这可能是

由于技术的进步和劳动力市场的变化，从而改变了婚姻和抚养孩子的成本和回报。其他人则认为，可能是随着人们日益富足而在思想观念上的变化，使得人们更加专注于自我治理和自我实现。特别是通过引入现代避孕措施，性冲动和生殖之间的进化联系已被明显打破，现如今，生育只不过是一个以个体偏好和受文化决定的规范作为变量的函数。 63

第七章

人口学家的工具箱

本章着眼于人口学研究实践中的工具、模型、方法、假设和不确定性。特别是人口学家们需要明白，他们确实处在发现所欲知晓之物的过程中，他们拥有强有力的方法和数据来源，并且可以准确地回答他们的问题。

直到20世纪，人们才开始对除死亡之外的生育、人口迁移和年龄结构表现出浓厚的兴趣。稳定人口的数学理论由阿尔弗雷德·洛特卡在1907年提出，显示了如果年龄别死亡率和生育率保持不变，人口将如何发展出可预测的固定年龄结构。由德国人口学家在19世纪末发展出的总和生育率在1930年代开始普及，在第二次世界大战之后才开展了队列生育分析。来自美国的科尔和英国的布拉斯在1970年代构建了人口生育模型。1980年代和1990年代，数学模型的使用日益复杂，这是应对较以往增加很多的可获得人口数据所必需的。例如，1992年的李-卡特人口死亡率预测模型引入了处理随机变异性的能力。现代计算方法的出现，改变了人口统计分析的能力。作为一种统计

分析技术，多变量分析可以评估几个变量之间的关系，以便衡量几个自变量与一个因变量之间的关联，如今这种分析方法已经 64
得到使用。多状态人口学是由传统的生命表发展而来的，研究的是各种不同状态之间的人口流动。例如，与出生和死亡仅仅作为损失和收益的过程不同，结婚使得人们进入一种状态，而离婚是从已婚人群中退出。在新千年，概率论、竞争风险和风险函数，都已成为人口学家工具箱的一部分。

衡量主要驱动因素：数据

有一种说法是，人口宽度来自人口普查，而人口深度来自调查。人口统计数据有四个主要来源：人口普查、登记记录、调查和民族志学材料。最近，生物标志物已经被添加到人口学家的工具箱中。

现代人口普查被定义为在特定时间和区域内收集、汇编和发布与所有人都有关的人口、经济和社会数据的过程。最初人们出于税收或军事目的开始进行常规普查，直到18世纪末和19世纪初才开始进行定期普查，在美国始于1790年，在英国和法国则始于1801年。今天我们对世界超过三分之二的人口开展常规人口普查。

生命记录的登记系统，长期以来一直是人口学家必不可少的基本数据来源。生命统计是与生命事件有关的数据，被定义为个体状态变化带来的人口构成变化。其中包括真实生命事件，例如出生和死亡，以及次要生命事件，例如结婚、离婚和迁移。生命登记是通过出生和死亡证明对此类事件做出的正式记录，长期以来为人口统计分析建模提供基本信息。教区的出生、

65 婚姻和死亡记录始于16世纪初期的英格兰，17世纪在斯堪的纳维亚半岛开始有了强制性的户口登记。直到19世纪，欧洲和北美洲其他地区才有了类似的综合记录。

调查对人口分析做出了重要贡献。调查能够描述当前的人口特征，纵向调查可以让我们对人口变化的进展有所了解，除此以外，调查还具有发现人口变量与事件之间关联的能力。早在19世纪，布思和朗特里就在英格兰进行了人口统计调查。进入20世纪，诸如英国的全国健康与发展调查和美国的全美家庭成长调查之类的调查蓬勃发展。到20世纪后期，又增加了固定样本跟踪调查，这类调查会随着时间的推移再次对同一人口群体进行访谈，例如美国的全国生育调查；以及纵向抽样调查，这类调查访谈不同的但在全国具有代表性的人口群体样本，例如英国的一般家庭调查、美国的当前人口调查。评估有关家庭生育计划方面的知识、态度和实践的KAP调查，是由1950年代成立的美国人口委员会支持的一组重要的国际调查。由于他们规定的假设是单凭家庭生育计划措施就可以作为降低发展中国家生育率的简单有效方法，这一调查的可信度后来受到了一些质疑。

主要的全国性和国际性调查，例如人口统计和健康调查、世界生育调查、健康和退休调查，如今对于理解生育、死亡和较小程度的人口迁移至关重要。这对于发展中国家来说尤为重要，因为发展中国家通常存在人口普查和生命登记系统缺失或不完整的情况。然而，调查的稳健性、有效性和代表性可能会有所不同，并且通常仅表明一个国家在全国或地区层面
66 上的人口行为和特征。直到近年来，人口学家才开始通过民

族志学研究、参与者观察法和访谈法来认识微观层面上丰富的人口学信息。这些方法通常会有助于我们了解关于家庭和户的信息。

人口迁移定量分析是一项复杂的任务，需要对不同的数据源进行综合。人口迁移分析使用两种不同的数据来源：给定地点的迁移者存量统计数据，以及给定时间段内的迁入和迁出人口流动统计数据。这方面有不少困难：数据源之间缺乏可比性，限制了对人口流动的清晰估计；很多国家没有记录与邻国之间的简单越境人口流动（例如欧盟的情况），或者没有将这些流动排除在本国分析之外。对一个国家内的迁移者进行估计需要纵向数据，而关于移民的人口流动统计数据则依赖于精细复杂的数据收集系统。这样的数据被认为存在政治敏感性；在发达国家，数据的量级经常被忽略；在发展中国家，甚至可能都没有被收集到。此外，很多这样的系统是为了行政管理目的而不是人口统计目的建立的，因此会收集到不适合人口统计分析的数据。

法国为我们提供了关于这些不一致之处的例子。法国国际移民局收集移民统计数据，既包括近期的新移民，也包括已经在法国居住了一段时间的移民，但二者被置于同一标题下统计。在美国也存在类似的不规则问题，将抵达美国后即获得永久居留权的移民与在美国居住数年后才获得永久居留权的移民一起记录。加拿大和美国均未发布移民统计数据。比利时和德国将迁入移民和迁出移民都统一记录为获得或取消永久居留权的人口。北欧国家对来往于北欧伙伴国家之间的移民，与来自斯堪的纳维亚半岛以外国家的移民采用不同的定义。还有一种情况 67

会增加上述这类复杂性，这就是国家会共同决定将其他国家或地区集合为不可比较的次级区域。例如，东南亚国家可能会被单独列出，或被作为“东南亚”甚至“亚洲其他”一并列出，以区别于中国和南亚。美洲国家可能会被列为北美洲、南美洲和中美洲，或者是它们的组合。

人口学家面临的一个主要挑战是缺乏可靠、稳健的数据，因此有一系列方法被用于“估计”间接来源的人口统计数据。例如，根据存活儿童数与出生数的比较来估计婴儿和儿童的死亡率，或者根据寡妇和孤儿数据来估计成人死亡率。其他技术会将一组数据与另一组数据相关联以计算第三组数据，例如根据分娩率估计生育率。正式的模型也被开发出来，用于从部分估计整体数据，包括布拉斯对数生命表系统和寇尔-特鲁塞尔人口生育模型。

衡量主要驱动因素：方法和模型

死亡是指在某个人口群体中死亡发生的过程。众所周知，对死亡的统计研究被视为人口学的起源，而对死亡率的研究至今仍然是该学科的主要焦点之一。粗死亡率是某一时期的死亡人数除以这一时期生存的平均人口数。如果我们以某段时期为例——比如第三个千年的第一个十年——那么我们可以说一个人每活一整年，他或她就为这一时期总的生存人年数贡献一个人年。因此，我们可以按照年来计算人年数，也可以按照每年的天数、小时数，甚至分钟数、秒数来计算人年数。粗死亡率清楚地反映了人口的年龄结构，随着人口中老年人的比例不断升高，
68 粗死亡率也可能随之提高。

预期寿命是在一定的死亡率条件下，某人预期能继续生存的平均年数。平均预期寿命是基于各个年龄段的死亡率条件。出生时预期寿命的变动范围可以低到历史上条件恶劣时的20岁，也可以高到现代先进国家的80岁左右。

预期寿命的增长是根据考虑范围内人口的平均数计算的，不应与人类寿命的增加相混淆，后者是指每个人的最高寿命。

生命表（方框6）是对给定各年龄的死亡概率和其他各种统计数据（见表5）下的人口死亡的详细描述。完全生命表由人们每个年龄下的各种函数值构成，而简略生命表则使用年龄组。

方框6 生命表的历史

生命表在本书中很多章节都有介绍。这反映了它在历史上和今天对人口学的重要性。直到19世纪末，形式人口学的主要研究重点都是生命表，该表分析并提供了人口死亡数据。格朗特对1662年伦敦《死亡清单》的分析，埃德蒙·哈雷的生命表基于1693年布雷斯劳市的实际死亡数据，米尔恩在1815年正式确定了生命表的计算和展现方式，以及威廉·法尔从1841年开始每十年制作一次的系列生命表，这些都为今天的现代生命表做出了贡献。联合国在1950年代开始制作来源于部分信息并使用数学公式建立的模型生命表，普林斯顿集团在1960年代开始制作生命表。1966年，科尔和德梅尼出版的生命表是最著名的模型生命表之一。

表5 生命表

年龄	男性			女性		
x	*lx*	*qx*	*ex*	*lx*	*qx*	*ex*
0	100 000	0.005 976	75.958	100 000	0.004 835	80.585
1	99 402	0.000 448	75.412	99 516	0.000 309	79.974
2	99 358	0.000 252	74.445	99 486	0.000 214	78.999
3	99 333	0.000 173	73.464	99 464	0.000 161	78.016
4	99 316	0.000 145	72.476	99 448	0.000 132	77.028
5	99 301	0.000 132	71.487	99 435	0.000 117	76.038
6	99 288	0.000 122	70.496	99 424	0.000 108	75.047
7	99 276	0.000 116	69.505	99 413	0.000 103	74.055
8	99 264	0.000 113	68.513	99 403	9.92E−05	73.063
9	99 253	0.000 114	67.521	99 393	9.81E−05	72.070
10	99 242	0.000 118	66.528	99 383	9.84E−05	71.077
11	99 230	0.000 128	65.536	99 373	9.96E−05	70.084
12	99 217	0.000 145	64.544	99 363	0.000 102	69.091
13	99 203	0.000 17	63.554	99 353	0.000 108	68.098
14	99 186	0.000 21	62.564	99 343	0.000 126	67.105
15	99 165	0.000 274	61.577	99 330	0.000 16	66.114
16	99 138	0.000 375	60.594	99 314	0.000 215	65.124
17	99 101	0.000 524	59.617	99 293	0.000 266	64.138
18	99 049	0.000 665	58.648	99 266	0.000 281	63.155
19	98 983	0.000 76	57.686	99 239	0.000 284	62.173
20	98 908	0.000 783	56.730	99 210	0.000 287	61.190

注：*lx*是给定国家10万个同性别活产婴儿中活到*x*岁的数量，这些婴儿随后在2000—2002年间在该国经历与那一性别人口相同的死亡率

*dx*是年龄*x*和（*x*+1）之间的死亡人数，用*lx*做类似的表达是*lx*−1（*x*+1）

*qx*是年龄*x*和（*x*+1）之间的初始死亡率，即*dx*/*lx*

70 *ex*是平均预期寿命，即年龄为*x*的人此后将继续存活的平均年数

生命表的基础是一组死亡概率，给出了在x岁还活着的人在达到$x+n$岁之前死亡的比率。给定这组概率后还会给出第二组值，是从出生到每个年龄的生存概率。通常也会给出出生后的预期寿命或x岁后的额外预期寿命。

生命表可以建立在完整的经验数据基础上，即关于各年龄段的死亡人数信息和处于死亡危险中的人口信息。然而，生命表通常需要根据部分信息使用数学公式来构造，因而被称为模型生命表。模型生命表还被用于提供人口推算中所需的标准假设，并从出生和死亡人数的历史数字重建比率。

生育是指个人、夫妇、群组或整个人口群体生育孩子的表现。有时人们会将其与生育能力（生物学上的再生产能力）相混淆，后者可能导致也可能不会导致生育。衡量人口生育的主要指标是粗出生率，即某一时期某个人口群体内的出生人数除以该时期内生存的总人口数。它通常表示为一年中每千人中的出生人数。粗出生率清楚地反映了人口的年龄和性别结构，因为年轻妇女比例较高人口群体的粗出生率很有可能高于年轻妇女比例较低的人口群体。

总和生育率是第二重要的衡量指标。一般而言，总和生育率是育龄妇女所生并存活的孩子的数量。从技术上讲，某一人口群体的总和生育率是指，如果一位妇女在一生中经历确切的当前年龄别生育率，并成功生存到育龄期结束的话，该妇女一生中所生孩子的平均数。 71

妇女的活产数被称为她的分娩数（parity），它来自拉丁文*parens*，意思是父母。一次分娩数的妇女是指她已经生了一个孩子，二次分娩数的妇女是指她已经生了两个孩子，依此类推。未育妇女从未生过孩子。因此，可以通过将每位妇女的分娩数加起来再除以妇女人数，来计算出同属某个出生队列的已育妇女的分娩数。

时间（tempo）是指生育的时间，数量（quantum）是指一生中的生育数。近期生育的减少，不仅反映了时间的变化，特别是妇女推迟了其生第一胎的年龄和后续的生育间隔，而且反映了数量的变化，即实际完成的生育数。人口学家还区分了间隔行为（spacing behaviour），即父母采取诸如避孕措施使孩子的生育间隔加大，和停止行为（stopping behaviour），即采取避孕或绝育措施以防止任何后续生育。生育的直接决定因素是生物和行为因素，社会、经济和其他因素则是通过生物和行为因素来影响生育。有时候人们会使用替代术语“中间生育变量”，这些措施包括避孕和结婚（方框7）。

方框7　邦加茨分解

邦加茨分解量化了决定生育率变化的四个主要因素的影响。

1. 已婚妇女比例。

2. 避孕措施的使用和效果。

3. 人工流产。

4. 产后不孕症，或产后不易受孕的时期。

在某些人口群体中，这四个因素可能占到总和生育率变化的96%。

对某人口群体中结婚或正式两性结合的发生频率、解除和特征的研究被称为“结婚率”研究。如今，这些包括了自愿的结合，即没有登记法律批准的稳定结合关系，被称为习俗婚姻、普通法定婚姻或伴侣式婚姻。越来越多这样的两性结合被称为夫妇关系结合。结婚率与生育率之间的紧密联系，使其成为人口分析的重要组成部分。粗结婚率是指某一人口群体中的结婚数；按年龄阶段划分的比率使我们可以进行更详细的分析，并且可以通过结婚表的形式展现。

避孕是性生活活跃的夫妇为避免怀孕而采取的措施。这可能是为了停止、限制或间隔生育。大多数社会都会采用某些避孕方式，包括节欲和母乳喂养。人们对未被满足的现代避孕方式或家庭生育计划需求特别感兴趣。这可以被定义为15—49岁有性伙伴，想要推迟或避免生育但未使用任何避孕措施的妇女的比例。作为人口的衡量手段，这一指标必须与期望的家庭规模一起记录，可能大于或小于当前的总和生育率。

人口迁移研究区分了国家内部迁移（可能是从农村到城市，城市到城市或从农村到农村），发达经济体中少量从城市到农村的迁移，以及跨越国家和地区边界的国际迁移。一些研究者认为，由于可用统计数据的碎片化和趋势的无常性，开发复杂的人口迁移统计模型几乎没有价值。

人口迁移的基本计算是人口迁入率：

$$\mathrm{IR} = \mathrm{I/P} \times k$$

其中I是迁入人口数，P是国家或指定地区的人口数，k是一个常数，通常为1 000。

人口迁出率：

$$OR = O/P \times k$$

以及人口净迁移率：

$$NR = I - O/P \times k$$

方法论上的简单矩阵法可用于推算此类人口流动，而更复杂的模型，例如使用布朗运动数学方法的随机游走模型，可以演示人口迁移的模式。进一步的可能是，将分散的随机游走模型与增长的逻辑模型相结合，当它们结合在一起时，人口增长就会对人口密度做出反应，我们通常会看到某个区域中心的大规模人口群体减缓了增长，而分散在外围的人口群体则继续增长。诸如此类的应用之一，就是对欧洲新石器时代转变之后人口流动情况的模型化。

在过去的几个世纪中，大量人口拥入城市导致了大型城市群的增长，这些可以用位序—规模图来研究。它们是用来确认决定城市某些特定特征（例如规模）的法则的有用工具。

图4对美国人口最多的城市进行了排名，横轴为负对数位序，纵轴为对数规模。这是一种幂律分布，其中一些的规模要比其他的大得多，占总规模的很大一部分。在这种情况下，一小部分城市的居民在全美城市居民中所占的比例就很高。这样的幂律在很多其他领域中都有发现，包括天文学中的星系质量问题，以及经济学中少数人拥有大部分财富的现象。

人口学家对主要驱动因素之间的相互关系，例如人口迁移与生育率之间的关系也很有兴趣。性别选择型的迁移倾向于使

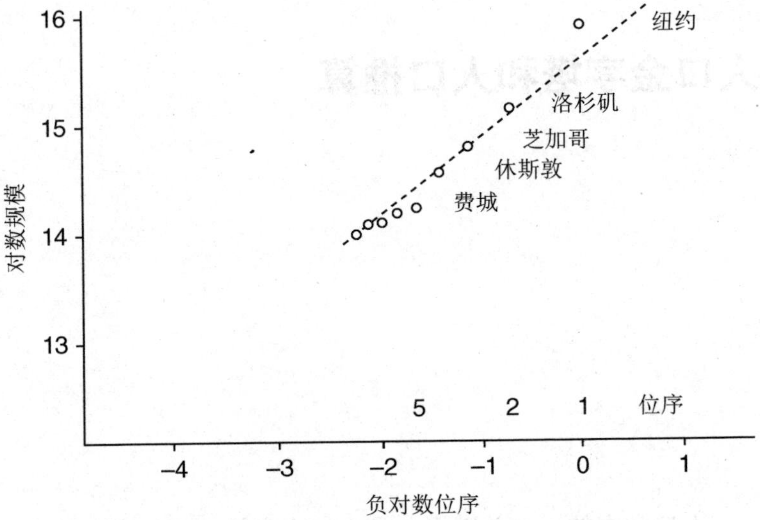

图4　2010年美国城市的位序—规模图 74

男性和女性分开，从而减少迁出地区和迁入地区的生育机会。妇女的生育很可能会受到她们迁移行为的干扰，然而，确实也有一些证据表明，新移民妇女的生育率会有所提高，由于迁入地区新的健康、福利和教育条件，她们会抓住机会生下孩子。 75

第八章

人口金字塔和人口推算

人口学中的一个关键概念是人口金字塔。年龄金字塔由一对对在中心连接的条形图组成，传统的类似于埃及金字塔。纵轴记录了年龄，越往下年龄越小，越往上年龄越大，纵轴右边展开的条形代表女性，左边代表男性。因此，年龄金字塔代表了按年龄和性别划分的人口分布（见图5）。如今很多现代的年龄金字塔看起来都像摩天大楼甚至花瓶一样，因为其所反映的人口群体减少了生育并延长了预期寿命。

人口变化用平衡方程表示，可以列为：

$$P_2 = P_1 + B - D + I - E$$

其中：P_2和P_1分别为两个不同日期的人口规模，B是出生人数，D是死亡人数，I是迁入人数，E是迁出人数。

虽然这一方程式可以被用于国家或地区，但世界人口是一个封闭人口，出生时进入，死亡时离开——因为现在还没人能移
76 民到地球或移民离开地球。封闭人口的方程式为：

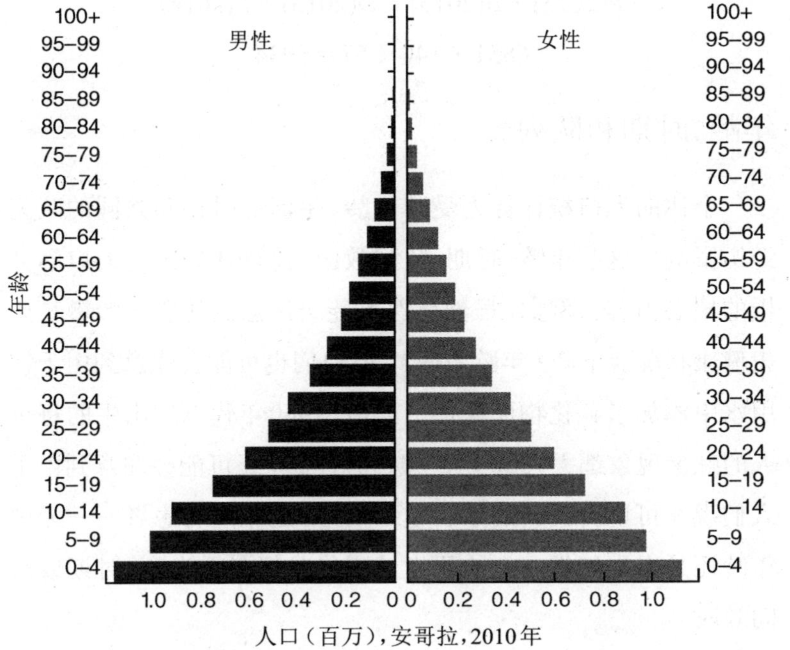

图5　2010年安哥拉的人口金字塔

$$P(t+n)=P(t)+B(t)-D(t)$$

其中：$P(t)$ 是时间t的人口规模，n是时间段的长度，$B(t)$ 是时间t的出生人数，而$D(t)$ 是时间t的死亡人数。

一些人口学家更喜欢使用K来表示人口，因为P可能与概率的符号混淆。因此，你可能会看到这些方程式被表示为：

$$K_2=K_1+B-D+I-E$$
$$K(t+n)=K(t)+B(t)-D(t)$$

2013年到2014年世界人口变化的平衡方程式是：

$$P(2013) + B(2013) - D(2013) = P(2014)$$

77 $$6851 + 140 - 57 = 6934$$

年龄、时期和队列

个体的人口统计行为受其年龄、生活的时期和共同的队列经历影响。这些年龄-时期-队列效应的影响作用，是人口学分析的核心内容。例如，虽然牙医可能会注意到随着年龄增长牙齿健康状况会下降（年龄效应），但他们也可能会注意到由于饮用水中添加了氟化物而保护了牙齿，1960年代以后出生的每个人的蛀牙现象都大大减少了（队列效应），还可能会注意到由于人们现在可以得到新的牙科技术治疗，近期所有患者——无论年龄还是出生年份——的牙齿健康状况都有所改善（时期或时间效应）。

人口学家现在使用复杂的模型来处理这些相互作用。其中包括生育衡量的指标，例如净生育率（即每个未来母亲的新生女儿数，这些母亲可能会或不会活到生育时），队列年龄别生育率（年龄x和$x+n$之间队列中的妇女每生存人年生育的孩子数），以及时期年龄别生育率（用特定时期中出生的婴儿数代替上面的队列生存人年数）。

其中一个最早的模型是1970年代开发的寇尔-特鲁塞尔人口生育模型，该模型仍被广泛应用于检测是否使用了分娩数别的生育控制，换言之，即与母亲已生孩子数相关的生育控制。这是一个可以很好地处理历史数据的模型示例，但是与现代避孕决策的复杂性似乎无关。例如，该模型假设女性随着年龄增长具有更多的分娩数，或者说更多的孩子数。然而，在当今的发达经济体，例如北美洲或欧洲，我们可以看到相当多的女性会推迟结婚和初次生孩子的时间，可以发现较高的避孕措施使用率，以及35岁以上女性的分娩数较少但是生育率较高。在这些现代社 78
会中，人口生育研究不仅聚焦于与避孕措施有关的孩子的数量，而且还聚焦于作为家庭限制形式的孩子的生育间隔。

就人口死亡而言，莱克西斯图既描绘了个体直到死亡的生命线，也描绘了特定队列的生命线。我们还可以针对所讨论的队列引入作为年龄变化函数的生存衡量指标和死亡概率。我们还可以引入增长率和风险率。风险率衡量的是每个年龄或每个时间段发生死亡的可能性。其中最著名的公式之一是冈珀茨模型（参见第四章），它反映的是风险函数或死亡概率随着年龄增长而变化的情况。这一公式由英国精算师本杰明·冈珀茨于1825年首次提出，为他所观察到的年龄别死亡率提供了一种模型。此外，建立现代复杂人口死亡率模型的工作也在进行中。例如，李–卡特模型包括年龄别死亡率，并引入随机变异性，将时间参数视为时间序列，将过去的波动作为未来不确定性范围的指标。

年龄结构

众所周知，生育、死亡和人口迁移这些人口驱动因素长期会影响人口的年龄分布。1760年，欧拉提出了稳定人口的概念。1907年阿尔弗雷德·洛特卡对这一概念做了充分探索。二人都确定了这样一个事实：如果封闭人口中的死亡率和生育率在任何时间段内都保持不变，也就是说没有人口的迁入或迁出，那么就会出现固定的年龄结构，而这一固定年龄结构与最初的年龄结构无关。就年龄结构而言，稳定人口的规模可能一直在增加

79 或减少，但是其年龄结构保持不变。然而，如果人口规模也没有增加或减少，则被称为静止人口。

我们可以探讨这三个驱动因素如何独立地影响年龄结构。例如，生育水平的变化将影响最年轻的年龄组，但随后也会对较大年龄组产生影响。随着出生人数的减少，下降的人口生育率会使得人口金字塔的底部基础变窄。婴儿潮和紧随其后的出生人数骤降，可能会在人口金字塔中产生一个明显可见的早期凸出形状，直到婴儿潮队列的人口达到很老的年龄为止。20世纪英国的人口金字塔清楚地显示了1946年的婴儿潮，以及之后出生人数的缓慢下降，直到1957年出生人数开始缓慢增长，最终在1960年代初英国的小型婴儿潮时达到顶峰（见图6）。在接下来的几十年中，我们可以看到婴儿潮影响了1970年代和1980年代年轻工作适龄人口的数量，这些人口在2020年代已接近退休
80 年龄。

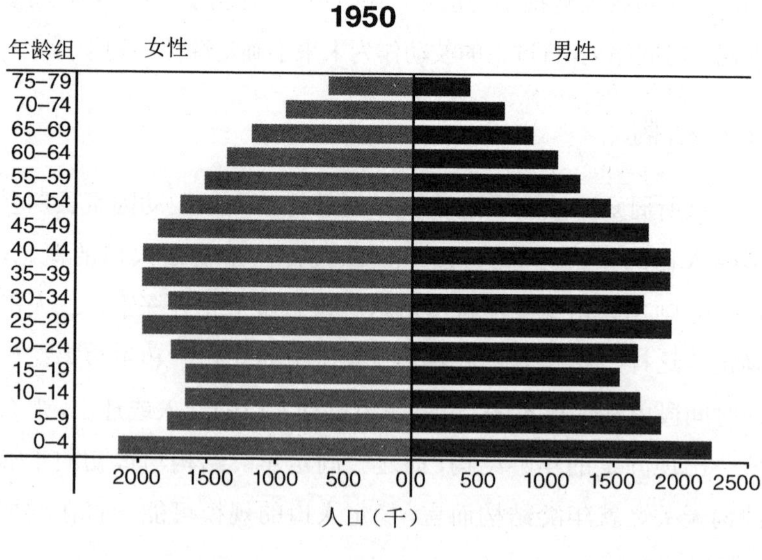

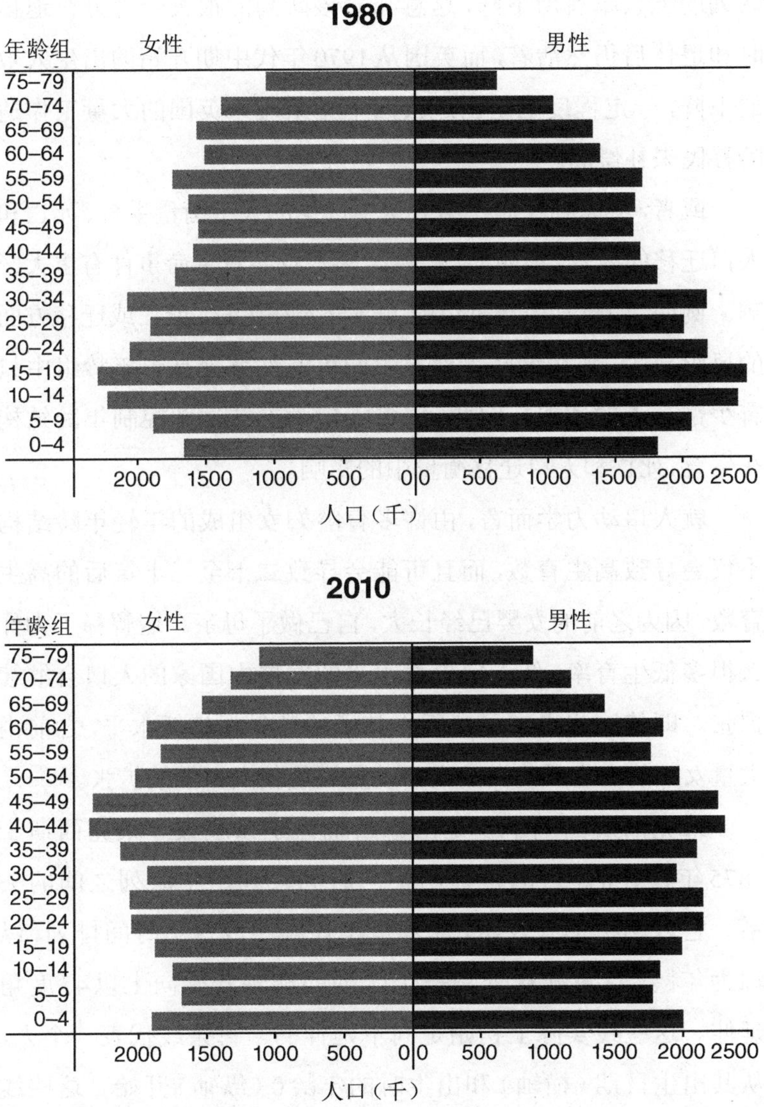

图6 1950年、1980年和2010年英国的人口金字塔

人口金字塔也会受到死亡率的影响，因为1960年代婴儿潮队列的死亡率有所下降，这意味着该队列的很大一部分在退休时和退休后仍然活着，而英国从1970年代中期开始的出生人数的下降，一定程度上是由过去四十年来进入英国的大量工作适龄移民来补偿的。

或者，考虑到我们在第五章中讨论的关于衡量生育、死亡和人口迁移的内容，很明显，年龄结构本身会对生命事件有重大影响。例如，如果某个年龄组的大部分人在生育、死亡或迁移方面的风险更大，那么这些事件发生的可能性就会高于年龄组中只有少部分人的情况。因此，很多人口学方法试图控制年龄结构在生育、死亡和人口迁移衡量中的影响。

就人口动力学而言，由许多育龄妇女组成的年轻年龄结构不仅会导致高生育数，而且可能会导致二十至三十年后的高生育数，因为之前的女婴已经长大，自己做了母亲。这解释了为什么很多低生育率、低人口更替水平的发展中国家的人口会继续扩张。即使这些未来母亲所生孩子的数量保持低水平，之前由大量女孩的出生所确立的人口动量还将使人口继续扩张。

莱克西斯图（图7）是由德国统计学家威廉·莱克西斯于1875年设计的，目的是证明不同时间段和出生队列之间的关系。它以网格形式表示，横轴按年代顺序或日历时间排列，纵轴为年龄，对角线从分隔每个队列的横轴开始向上以45度角延伸。这些线实际上初始是向下延伸的。每条线代表一个人，从其出生日期（横轴）和出生时的年龄0（纵轴）开始。这些线以45度角上升，因为其斜率为1，人们每过一个日历年年龄就增长一岁。

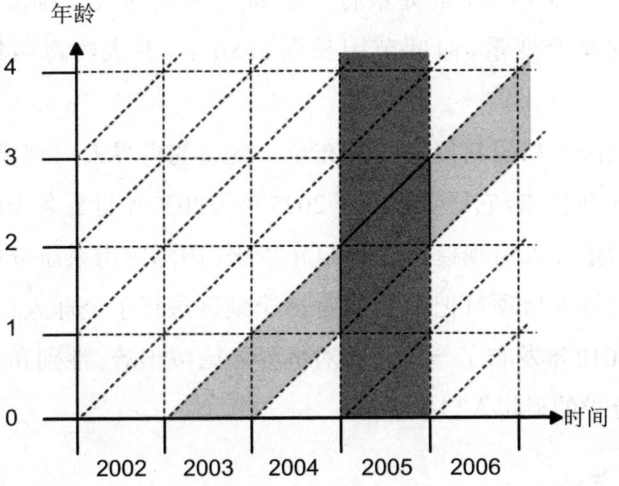

图7　莱克西斯图

每条生命线一直持续到这个人死亡的年龄。通过在特定时间点画一条垂线，垂线穿过的生命线数就等于在该时间点上活着的人数，也就是总人口数。

人口推算

普林斯顿大学人口研究办公室的诺特斯坦于1945年进行了首次现代全球人口推算，使用了队列要素法，该方法明确考虑了人口的年龄和性别结构。

自1958年以来，联合国已经发布了一系列世界各国的人口估计和推算。1978年以前，这些推算大约每五年修订一次，此后每两年修订一次。最近联合国评估报告的时间范围已到2050年。联合国世界人口展望丛书还不定期地发布长期人口推算，时间范围从2150年直到2300年。

83

1978年以来，世界银行已经做过独立的人口推算，通常是针对单个变量，时间范围长至2150年，并大约每两年修订一次。

美国人口资料局每年发布单一变量的世界人口规模推算。自2000年以来，它已经发布了2025年和2050年世界各个国家和地区的推算人口规模。自1994年以来，国际应用系统分析研究所的世界人口项目把世界分为13个地区进行了全球人口推算，并在2012年发布了一组新的对世界各国按年龄、性别和受教育程度分类的科学人口推算。

推算方法

人口推算旨在预见人口的未来。人口推算基于对未来生命统计的假设，以及用于执行计算的公式。推算和预测之间是有区别的。预测需要有一个预言的元素。基本的人口推算聚焦于性别和年龄，将其作为人口的主要划分。根据这些变量向前推算人口的主要工具是被称作莱斯利矩阵的表格，最初由P. J. 莱斯利于1945年发表。莱斯利矩阵是结合生育率和死亡率的影响而产生人口变化的转变模型。这些状态与年龄组相对应，转变过程是生存和生育。人口是逐步向前推算的。

人口推算中使用最广泛的方法是要素法。在这些方法中，每个组成部分的变化（出生、死亡、人口迁移）都被估计了。如果还对每个年龄组进行估计，则使用的是队列要素法。近期，人
84 们已经开发了各种复杂的多状态模型，以使人口预测更加可靠。然而，无论模型变得多么复杂，它们仍然依赖于有关未来生育、死亡和人口迁移水平的假设。人们广泛认可的是，虽然统计模

型现在已经非常复杂，但是要用来理解人口动力学理论基础仍然需要更强大的预测力。

莱斯利矩阵是一个带有行和列的表格，显示了从列标题所示年龄组开始然后沿对角线逐渐移动到行标题所示年龄组的个体预期数量。第一行包含了反映生育和生存水平的因素；主要的次对角线包含了生存比率，反映的是从一个年龄组活到另一个年龄组的可能性。在把数据代入矩阵之前要插入逻辑零，例如，在表6中没有0至5岁婴儿出生，所以元素就是0。简单莱斯利矩阵的较复杂版本则包含连续的年龄和时间。连续时间的人口推算被称为人口更新，其包含这样一种观念，即：过去的婴儿是当下的母亲，当下的母亲将产生未来的婴儿（方框8）。在这样的复杂模型中，生存的构成涉及多状态表，不仅包含生与死，而且还包含疾病和残疾状态。个体由此进入、退出并重新进入和重新退出某些特定状态。

表6 莱斯利矩阵

	0至5岁	5至10岁	10至15岁	15至20岁	20至25岁
0至5岁	小孩	小孩	小孩	小孩	小孩
5至10岁	幸存者	0	0	0	0
10至15岁	0	幸存者	0	0	0
15至20岁	0	0	幸存者	0	0
20至25岁	0	0	0	幸存者	0

方框8　更新方程

“我们每个人及其他如我们般的人类，对于婚姻、父母身份和促进生存的行为所做出的决定，将创造出未来莱斯利矩阵的元素，为从各队列到世界的莱克西斯图的稳步发展撰写了脚本，并使得更新方程能够实现其作用。”（K. W. 瓦赫特）

人口更新发生在新出生的人取代了最近死亡的人之时。以目前的长寿率，更新世界全部人口只需要一个多世纪。

该过程可以用更新方程表示：

$$B(t) = beta/alpha\ B(t-a)\ l(a)\ m(a)\ da + G(t)$$

这一方程表明，时间t的出生人数$B(t)$由一个求和过程决定。求和公式的区间从生育年龄的下限*alpha*到生育年龄的上限*beta*，a为个体的年龄，$l(a)$是个体年龄为a的生存概率，$m(a)$是从a到$a+da$期间的生育概率。此外，还要加上t时已经出生的妇女在停止生育前的生育数，计为$G(t)$。

86

第九章

分支学科的出现

虽然大多数社会科学学科都是与人打交道，但是有些学科对人口分析和人口理论产生了特殊的兴趣，并且这些学科已被正式归类为人口学的子学科。在很多情况下，它们代表了人口学与主要学科领域的融合。虽然下面很多内容可能被公认为不同的子学科，也通常会有其自己的专业组织和/或学术期刊，但也可能会有争议，说这些划分是强加的，甚至是任意而为的。空间人口学研究、社会人口学研究和人口研究之间通常难以区分；处理生物人口学和遗传学的新的复杂性，日益需要数理人口学发展的复杂模型支持；经济人口学家所探讨的家庭行为，例如家庭构成、结婚、离婚和代际转移，有时与家庭人口学中的类似研究并无区别。在很多情况下，这取决于学者选择发表成果的期刊、所属的协会或学会以及参加的年度会议，这些共同决定了学者的研究工作属于哪一门子学科。尽管有上述说明，但人口学的一般性学科属性借由这些创新得到了极大增强，并成功涉足了过去几十年中出现的那些新方法和理论的领域。 87

人类人口学

人类人口学使用人类学的理论和方法来更好地理解人口学现象。它反映了社会人类学和人口学的融合，虽然从技术上讲，它仅限于对较小规模人类社群做人口统计意义上的生育、死亡和人口迁移研究，但是在实践中它涉及了总体的人口统计过程。虽然方法不同，但是这两门学科的交集被认为是一种积极的互动，把对定义人口规模和结构的动力因素及其随时空变化的兴趣，与塑造人口生产和再生产的社会组织这一人类学研究重点结合了起来。这一路径结合了应用于案例研究的定量和定性方法，既利用了民族志田野调查和参与者观察，又利用了对二手数据和历史资料的解释性阅读。

自1980年代以来，被定义为人类人口学范畴的学术论文就出现在人口学和人类学期刊上。自1990年代以来，关于人类人口学的研讨会就在专业的人口问题会议上举行。本书的作者确实在1995年美国人口学会旧金山会议上面临着选择——是参加人类人口学会议，还是参加在同一走廊对面房间举行的人口方面的人类学会议。前者是由对人类学感兴趣的人口学家支持举行的，后者则是由对人口学感兴趣的人类学家倡导举办的。

人类人口学的观点为欧洲生育项目提供了重要的借鉴，使人们了解到生育率下降受到文化背景的重要影响，而与社会经济因
88 素无关，并将文化和观念变化的各个方面纳入了人口转变理论。

生物人口学

生物人口学可以被视为人口学、进化生物学和遗传学的融

合，通常包含与样本调查和纵向研究相结合的生物学指标的收集和建模。有人认为，常规的人口统计数据与基因型数据相结合，将阐明基因与环境之间的相互作用。例如，在高龄老年人中具有足够代表性的人口样本，应该可以使我们识别出集中存在于百岁老人的等位基因。类似地，通过数学公式对进化形成的遗传影响进行描述，将大大增进现有的对按年龄别梯度划分的死亡风险和生存的要素可继承性的理解。

美国国家老龄化研究所的行为与社会研究部，在理查德·苏兹曼的领导下直接促进了生物人口学的发展。特别是1997年卷《宙斯与鲑鱼之间》是这一领域早期工作的标志性合集。同期对生物人口学中生育和家庭的研究工作，反映在由美国国家儿童健康与人类发展研究所赞助，2003年出版的《后代》一书中。

研究者们认为，通过实验和观察数据以及数学和理论的发展，生物人口学方面的新颖研究已经对寿命进化理论的经典表述提出了挑战。人口学的观点已经影响了一些生物学家的研究策略，他们已经认识到大群体人口研究对于生成生命表估计值的价值，以及对比较形式化建模的需求。引入寿命进化理论的 89
人口学家与人类学家开展了合作，以重新思考关于进化环境的假设，在该环境中，年龄别生存率的遗传和生物学决定因素已经形成。毫无疑问的是，基因组科学的未来有望为这一新的子学科带来进一步的变革和挑战。

经济人口学和人口经济学

经济人口学、人口统计经济学或人口经济学可以定义为人口学研究的一个分支，研究的是人口与经济之间的关系。它是经济分析在人口学研究中的应用，包括规模、增长、密度、分布和人口统计数据。虽然很多人认为它是对劳动经济学的补充，但这一子学科中的研究者还考虑了更为广泛的问题，例如人口增长和经济发展，人口老龄化及其不断变化的抚养比所带来的经济后果，以及经济因素在确定生育率、死亡率和人口迁移率方面的重要作用。微观层面的课题考察的是个人、户或家庭行为，包括家庭的形成、结婚、离婚、生育选择、教育、劳动力供给、人口迁移、健康、危险行为和老龄化。宏观层面的调查研究要解决的可能是人口和经济增长，人口对收入和财富分配的影响，以及人口政策、储蓄和养老金、社会保险、住房和医疗保健等问题。

伯纳德·范·普拉格于1986年担任欧洲人口经济学学会的创始会长，创立该学会的目的是致力于人力资本和人口变量在经济学中的作用的理论研究和应用研究。他还是《人口经济学杂志》和《卫生经济学杂志》的共同主编，作为国际性季刊，主要发表人口经济学各领域的原创理论和应用研究成果。

家庭人口学

家庭人口学家的主要关注对象是家庭和户，重点是共同居住群体中的亲属。这门子学科旨在把社会文化研究作为人口动力学研究的中心环节，认识到人类社会控制着生育，以及对童年、婚姻和亲子关系以及共同居住的动态机制的理解至关重要。因此，有观点认为这三个维度是家庭的特征。首先是夫妻关系，即婚姻结合的形成和消亡。其次是血缘关系，即父母与子女之间的关系。最后是居住，最简单的模式是核心家庭——夫妻和血亲，或者父母和子女；较为复杂的户的安排是由一起居住的群体或亲属构成,被称为共同居住。

国际人口科学研究联盟在1982年成立了家庭人口统计与生命周期科学委员会,其任务是促进该领域的研究。有些人把这一事件看作这门子学科正式形成的标志。当时的主要研究领域集中在对户的构成和家庭结构、家庭生命周期、亲属模型、多状态生命表和户推算的衡量和估计上。如今,家庭人口学利用了适合进行家庭和户构成比较研究的大规模个体层面的普查数据,研究路径则包括各种宏观和微观层面的课题,范围从多代同堂的户、儿童和媒介使用,到“灰色离婚”。

历史人口学

历史人口学被定义为对过去人口的规模和结构、人口变化的构成——生育、死亡和人口迁移——及其影响因素进行研究。从技术上说,它涉及所有过去的人口;然而,对史前人口的研究通常更会被归入古人口学的子学科。

资料来源的类型使这门子学科在人口学中具有特殊的挑战和独特性。一般而言,历史人口学通常无法使用人口普查和生命统计数据,而是依赖教区记录和姓名清单等资料来源,而这些资料是由于人口普查以外的其他原因而制定的。例如,教区的登记不收集出生和死亡信息,但记录洗礼和葬礼信息;历史清单通常是用于税收或兵役目的。

结果,历史人口学家发展出了自己的特殊方法。这些方法的主要原则是家庭重建,这是一种记录关联形式,将教区登记中的信息重新组织成家庭历史,从而使得人们可以计算出标准的人口统计衡量指标。研究人员于1950年代在法国开发出一种方法，可以查找与一对夫妇结合或婚姻有关的信息，例如结婚日期、配偶和子女出生和死亡日期等。通过这种方式，就有可能重建整个扩大式家庭（见图8）。有一些人口学家将历史人口学这
92 一术语限定于这种微观人口学方法。

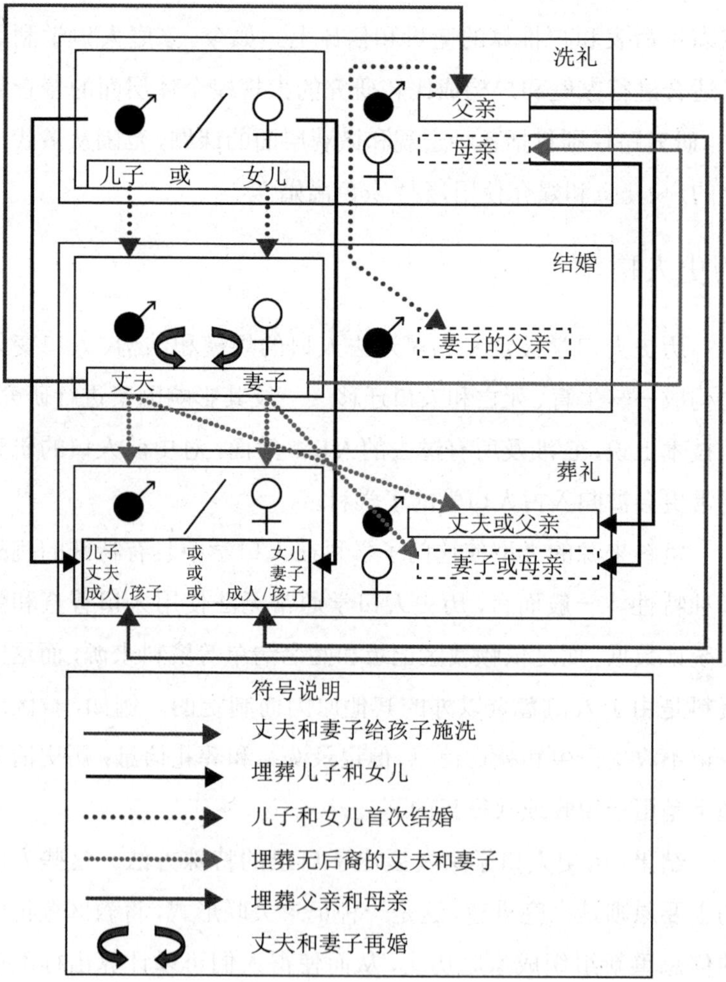

图8 某个家庭重建形式的示例

众所周知的是，使用教区登记的法国式家庭重建方法，很大程度上要归功于经济历史学家皮埃尔·古贝尔和形式人口学家路易斯·亨利。特别是亨利想在实行刻意控制婚内生育之前确定他自己所谓的“自然生育”水平和时间表。这已被视为人口研究历史上的重要时刻，因为家庭重建使得历史学家和人口学家可以共同开展队列分析。

历史人口学家的第一个官方组织是国际历史人口学委员会，该委员会成立于1960年。剑桥人口与社会结构历史研究小组成立于1964年，被认为在社会科学史上做出了具有改变学科意义的贡献，其研究工作涉及历史人口统计和户结构、有关这 93
些要素与福利系统的相互依存关系，以及职业结构等。该研究小组的独特贡献是将人口学与经济和社会历史结合在一起。在法国历史人口学会、西班牙历史人口学会和意大利历史人口学会的支持下，欧洲历史人口学会于2014年成立。这一学会的成立是为了促进欧洲从事或对历史人口学研究感兴趣的学者之间的合作，并激发欧盟内部的科学项目、机构和政府对人口事务的兴趣。

数理人口学

数理人口学可以被定义为以数学术语表示人口统计变量、分析及其相互关系。有人认为，洛特卡在稳定人口方面的数学研究工作是其对人口理论的单一最大贡献。洛特卡的研究阐明了动量对未来人口增长的重要性。换言之，年轻的年龄结构决定了人口增长的水平和模式，直至达到稳定人口。凯菲茨揭示了数据、模型和理论之间复杂的数学相互作用，因此被视为洛特卡这位伟大的数理人口学家的重要继承者。

数理人口学中最具影响力的著作之一，仍然是1925年的经典文章《论真实自然增长率》。洛特卡和路易斯·都柏林在文中表明，美国常住人口中出生人数超过死亡人数是处于生育高峰期的男性对女性人口占比过高带来的人为后果。年龄分布本身是高人口迁移率的结果。如果美国人口是“稳定的”——迁入或迁出通道关闭，并受制于当前的年龄别出生和死亡率
94 表——那么它将稳定于不变的年龄分布和特有的低增长率。洛特卡警告说，美国人应该关注人口下降问题。

内森·凯菲茨（1913—2010）在其长期且高产的职业生涯中为人口学做出了重要的基础性贡献，对人口学研究产生了重要影响。凯菲茨的研究工作以优雅的方法和深刻的见解为特点，这源于他对模型、数据和解释分析之间相互作用的深刻认识。纪念凯菲茨诞辰100周年研讨会集合了来自各地的科学家，使用凯菲茨的术语研究人口中的数学问题。研讨会的主要目的是作为论坛介绍人口数学正在进行的研究，包括对人类和非人类人口的研究，以及理论和应用研究。

古人口学

古人口学致力于人类史前人口增长和结构模式的研究，包括预期寿命、不同年龄段的死亡率以及总体健康和福祉指标。它与考古学和体质人类学密切相关，依赖的是非书面记载的资料来源，包括人类和考古遗迹。学者们把他们从事的这门学科描述为对史前人口的一种估计，而不是一门精确的科学。墓葬之地的情况很少能代表整个人口情况，特别是在很多情况下，大

家庭和不同社会地位、年龄的群体都是被单独分别掩埋的。此外，死亡的原因——战争、事故或某些疾病——通常会在骨骼上留下最可识别的痕迹，结果却可能掩盖了其他疾病或者总体上健康的状况。

对年龄和疾病的估计以及对死亡原因的估计，是两个特别令人感兴趣的领域。对过去人类群体中疾病的研究被称为古病 95
理学。对年龄的估计基于人类个体骨骼上最可靠的年龄标志，例如牙齿发育和关节连接闭合情况。这门学科现在已经建立了一个庞大的人体骨骼数据库，可以将个体骨骼衡量结果与数据库进行比对。饮食、健康和气候会显著影响此类衡量，使得很难确定成年人的年龄。虽然一些疾病可以通过牙齿或骨骼病变情况从人体骨骼中识别出来，因为这些疾病会留下与生物应激有关的生长缓慢迹象，例如营养不良，但也有很多疾病并未在骨骼上留下标志，或者仅在到达极度晚期后才会留下标志。骨骼损坏可能是由于事故或战斗造成的，不利的工作条件也会在骨骼上留下痕迹。

然而，新的方法上的进步正展示出令人可喜的成果。例如，对人类骨骼中微生物DNA的鉴定，已被用于识别是否存在导致疾病产生的病原体。同样，对人体骨骼中稳定同位素的分析，使研究人员已经能够确定一个人是在哪里出生并度过童年和成年的。

让-皮埃尔和布凯-阿佩尔基于对考古遗址在空间和时间上分布的考察，研究了新石器时代人口转变的证据，这是一组体现了对更广泛人口学兴趣的关键研究。这些发现已被用来论证现代人类和尼安德特人在史前欧洲的存在、扩张和收缩的情况，以及确定与技术和气候条件相关的这些狩猎采集者的人口密度。

人口地理学或空间人口学

近来人口学家已经和地理学家在一起工作，共同开发探索
96 空间、位置和人口流动之间关系的模型。然而，有人认为，人口学研究中对空间的思考和分析的起源至少可以追溯到19世纪初法国的犯罪统计时期。传统上，这些研究集中在诸如移民、城市化和农村人口减少等主题上，如今不仅越来越多地利用人口统计数据，而且还越来越多地利用财富的社会和经济度量、获得社会和经济资本的机会、不平等现象等与空间分布有关的数据。很多当代调查，例如人口统计和健康调查、世界生育调查和多指标类集调查，现在都包括空间数据。

最近几十年来，通过使用先进的计算机地理信息系统（或称为GIS），此类研究得到了极大的加强。如今，基于卫星的全球定位系统允许用户绘制全球各地位置的坐标，而谷歌地图及其更先进的“表亲”数字地图可以将人口统计数据与其他定量数据相关联，并以空间的直观形式表现出来。确实，正是这些新技术的发展推动了该子学科当前的进展。新的数据格式将同时带有地理位置和时间戳标记，从而提供了无与伦比的空间和时间精度。新一代的活动空间研究正在发展中，这些研究利用诸如加速度计、全球定位系统和智能手机之类的技术，来连续监测处于不同空间地点的人。空间人口学家认为，这样的技术发展以及新的时空精度具有巨大的潜力，可以增进我们对人类空间行为的功能性理解，并为思考对空间的相对和绝对利用提供新的思路。研究者需要确定那些能够最有效推动空间人口学应用于社会关注的紧迫问题的研究重点，这是他们在利用上述这些令人兴奋的新技术时

所面临的主要挑战。因此，该领域的新兴研究涉及以下方面，例如：美国的少女怀孕问题、阿克拉（加纳）的儿童死亡问题、波士 97
顿（马萨诸塞州）的种族隔离和健康问题、马达加斯加的人口迁移与农村生计问题，以及芝加哥（伊利诺伊州）犯罪的人口统计相关性问题。《空间人口学杂志》于2013年创刊。

人口研究

人口研究是一个跨学科的研究领域，通常吸引那些具有人口学、流行病学、社会学、经济学、人口地理学、人类学、公共卫生和公共政策背景的学者。从广义上讲，它要解决的是社会、经济和人口学变量之间的相互作用问题。因此，它是对生育、死亡和人口迁移常规研究的扩展。研究的主要领域包括：广义的人口动力学、生育和家庭动态、健康、老龄化、寿命和死亡、社会经济差异和不平等、移民、人力资本和劳动力市场。

美国人口学会成立于1930年，是一个旨在通过研究与人口相关问题来促进完善、进步和发展的专业科学组织。美国人口中心学会成立于1991年，是由大学和研究团体组成的独立团体，其使命是促进人口统计研究和数据共享，为公共政策决策者提供基础的人口研究翻译服务，并提供人口研究方面的教育和培训机会。目前，美国人口中心学会已有40多家学术和私人研究机构，它们围绕退休、少数民族、健康、老龄化、移民、家庭、生育、死亡和人口预测等课题开展了多种多样的研究。

社会人口学

社会人口学探讨了人口与社会之间的相互作用，并且可以

98 被看作社会学与人口学的结合。美国人口学家金斯利·戴维斯在其1963年的论文中首次建议使用“社会人口学”的表述。大学教授社会人口学课程始于1960年代的美国，第一本名为《社会人口学》的教科书于1970年出版，1975年在威斯康星大学举行的一次会议被宣称为社会人口学的第一次会议。

这门学科最初的研究兴趣集中在诸如居住区隔离、失业、不同社会地位群体之间的收入差距之类的问题上。社会学的芝加哥学派使用人口统计数据，来支持其关于城市发展和社会经济地位影响人口分布的社会学主张。一些研究者认为，这与人口研究非常相似，部分原因是受到美国社会学家豪瑟和邓肯的影响，他们在1950年代的著作《人口研究》中系统化地论述了社会学和人口学的联系。有其他研究者认为，这种联系的明确目的是要涵盖一种三向研究方法，即：数据收集和描述性解释，理论发展和模型测试，以及情境分析（方框9）。

方框9　人口经济学与人口研究有何不同？

在很多当代分析中，人口学和人口研究之间的界限正变得越来越模糊，因为人口学家已认识到社会、经济和人口学变量之间的复杂相互作用。区别在于，虽然生育、死亡和人口迁移是经典人口学研究的重点，但是在人口研究中，它们却是社会和经济变量的“下游”。

使用人口学变量和技术手段研究诸如人口老龄化、死亡率不平等、生育模式差异等社会问题的研究者可以被归为社会人
99 口学家。

第十章

人口政策和未来挑战

世界上大多数国家都有隐性的人口政策，因为它们认识到它们的某些政策将产生间接的人口学意义上的结果。明确旨在改变这种结果的直接人口政策很少（见图9）。一般而言，人口政策是指那些旨在改变人口增长率、构成或分布的政策。联合国将人口政策定义为公共当局明确或暗中采取的行动，目的是防止、延迟或解决人口变化与社会、经济或政治目标这两个方面之间的不平衡。这包括选定的有关人口参数的意图和目标，以及为影响这些参数而采取的法律和程序性措施。在这一类别的人口政策中，联合国明确了解决诸如人口增长等问题的政策，其中包括生育率特别是少女生育率的问题、影响劳动年龄人口规模的政策问题，以及与健康有关的出生时预期寿命、5岁以下儿童死亡、产妇死亡等问题。其他健康问题通常不被视为人口问题。2013年时还增加了对妇女的暴力程度问题。因此，人口政策基于可预见的人口趋势，通过采取前瞻性和积极的政策，将人口动力学的发展结果在显露之前予以解决。 100

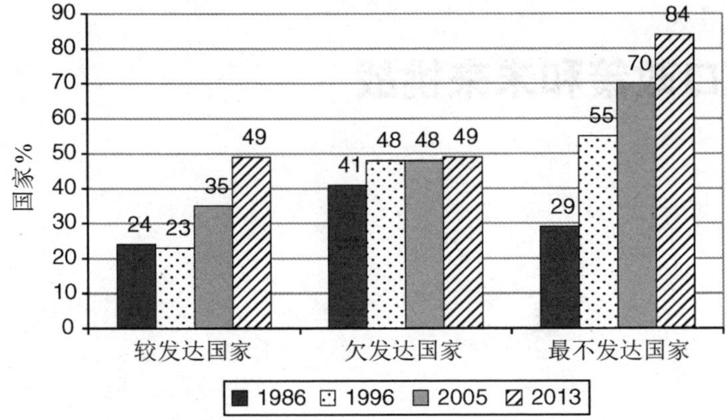

图9　运用政策来影响人口增长的政府

因此，人口政策的目标可能是改变国家人口或地方人口的增长率、构成或分布。例如，如果政府认为人口增长或收缩过快，就可能会引入此类政策。政府可能会感到人口年龄结构不平衡——例如儿童太多或太少——或者人口在全国范围内分布不均，从而使一些人口过剩或人口不足的地区受到损害。

实践中的人口政策可以是显性的也可以是隐性的。显性的人口政策是指政府明确旨在改变人口统计结果的行为。这可能是对移民实行上限，对家庭生育计划服务进行补贴，或者直接禁止夫妇育有一个以上或两个以上子女。隐性的人口政策并非明确想要改变人口，而是可以被理解成会产生可预测的人口统计结果的行为。举例来说，此类政策可能包括实行义务初中教育，这将提高平均结婚年龄，从而降低初次生育年龄；并为妇女提供
101 进入经济劳动力市场所需的技能，从而再次推迟生育的时间和/或鼓励扩大后续的生育间隔；以及改变年轻男女的观念，从而使他们选择生育较少的孩子。

英国为我们提供了一个有趣的例子。根据英国国家统计局的数据，英国“在移民领域之外，不会从主动试图影响人口整体规模、年龄结构或变化构成的意义上追求人口政策，也不表达对英国理想的人口规模或年龄结构的看法”。然而，英国确实有移民政策。英国政府声明：“移民可以丰富我们的文化并增强我们的经济，因此，我们想要吸引人们在英国学习、工作和投资。”政府因而以简化和改进移民政策和法律为目标，并确保英国拥有具备国际竞争力的签证系统和有效的执法行动。它通过以下具体措施来实现上述目标：执行移民和海关检查保护英国边境，有效处理进入英国和在英国居留以及成为英国公民的许可申请，控制人口迁移，从而限制非欧盟的经济移民和最大限度地减少对所有移民路径的滥用。

生育政策

有很多政府试图控制人口生育的例子。它们可能是直接的人口政策，例如中国的独生子女政策、罗马尼亚的鼓励生育政策；或者是间接的政策，例如瑞典的家庭政策。

最著名的人口政策之一是中国的独生子女政策。这是一项直接的人口政策，旨在通过降低总和生育率来减少人口增长。
中国在1978年实行了一项自愿性政策，旨在遏制人口迅速增长 102
到10亿的趋势，随后又于1980年9月开始实行独生子女政策。这项普遍计划将某些少数民族群体和第一胎是残疾孩子的群体排除在外，在东部大城市执行得比在西部农村的小型农业社区更为有效。为此采用了多种控制方式，包括广泛使用避孕用品，社区和工作场所监督，为遵守政策的人提供优惠的就业机会和经济激励，以及更为有效的绝育和堕胎措施。

这项政策在执行的地区显现出了效果，导致出生率稳步下降，到1990年代中期降至人口更替水平以下。然而，政策也存在一些副作用，包括偏斜的男女比例，以及可能有大量未登记的第二个和第三个孩子存在，他们在生活中未能接受规范的教育、医疗保健或者就业。此外，长寿的父母和祖父母发现没有子女可以在家庭中照顾他们，中国人口中的老年抚养比已经恶化。最近已经开始允许有一人为独生子女的夫妇生育两个孩子，这部分人群现在大部分是青壮年。然而也有迹象表明，大多数人仍然选择坚持他们成长中经历的独生子女家庭模式。

1965年，罗马尼亚与大多数中东欧国家一样出生人数下降、人口减少，总和生育率低于人口更替水平。尼古拉·齐奥塞斯库领导下的政府认为，军事和工业需要大量人口。1966年，罗马
103 尼亚政府出于对低人口增长率的担忧，出台了明确的鼓励生育政策，其中包括多项提高生育率的措施。这类政策使得堕胎仅在特定有限情况下合法可用，限制了避孕措施，并增加了对大家庭的津贴。严格限制合法堕胎和现代避孕措施的使用，对罗马尼亚的生育水平产生了直接的影响，1965年至1970年间，罗马尼亚总和生育率从1.95上升到3以上。

然而，接下来的十年里总和生育率又再度回落，在1980年代降到2.25。考虑到人口政策已经失败，罗马尼亚政府于1984年开始了一项新的运动，目的是提高出生率和限制堕胎。育龄妇女需要在工作场所接受定期妇科检查。对25岁以上的未婚人士和没有孩子的夫妇征收特殊税。1985年，合法堕胎所需的年龄从42岁提高到45岁或以上，而且堕胎妇女已经至少生育了5

个孩子并正在照看这些孩子。

1989年12月，罗马尼亚新过渡政府的首批行动之一，就是废除鼓励生育政策的各项措施。然而，由于长期禁止使用避孕药具，许多妇女缺乏现代避孕方法的经验，罗马尼亚医学界的很多成员也不愿接受现代避孕药具的安全性。罗马尼亚的总和生育率在1990年代有所下降，现在与中东欧的其他国家持平，约为1.3（见图10）。

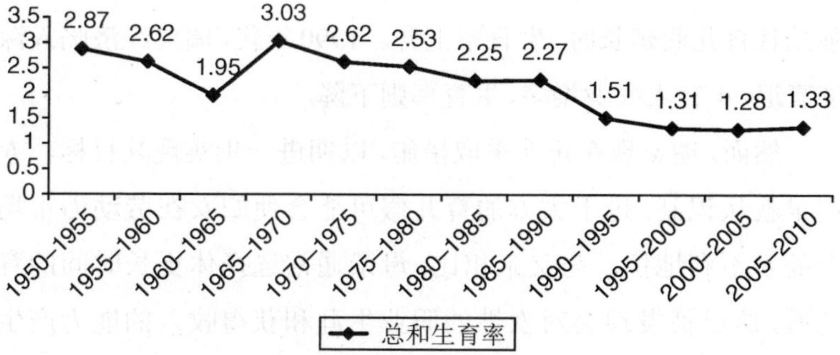

图10　1950—2010年罗马尼亚的总和生育率

与中国和罗马尼亚的显性人口政策的例子不同，瑞典的例子是一项旨在改变人口的隐性人口政策，但是被认为其具有可预测性的人口统计结果。 104

虽然很多欧洲国家自1960年代以来生育率持续下降，但是在瑞典，占主流的常态是两个孩子的家庭，独生子女家庭很少，无子女家庭的数量保持稳定。然而，瑞典的总和生育率在那段时间里不断起伏。这些起伏与经济商业周期密切相关，被称为顺周期生育。很多人认为这与瑞典的家庭政策有关，该政策的基本目标是增进所有家庭的良好经济生活条件，并促进所有女性和男性在工作和养育子女方面的结合。家庭政策目标是通过广泛提供日托中心和课后服务、父母保险、儿童津贴和其他福利来实现的。

大多数年轻瑞典男女在生育之前就已在劳动力市场上立足。大多数妇女在孩子出生后仍然留在劳动力市场，并且在孩子出生后，男性和女性都会休一段时间的育儿假。瑞典的育儿假制度与收入相关，所能接受到的好处取决于接受者在生孩子之前是否能积极参与到劳动力市场的工作中。1980年代末经济强劲且育儿假延长时，生育率上升。1990年代，瑞典经济陷入深
105 度衰退，年轻人失业增多，生育率则下降。

然而，瑞典现在正在采取措施，以期进一步实现其目标。人们早就认识到，过于大方的育儿假可能会使妇女在劳动力市场上处于不利地位。与父亲相比，母亲通常选择休更长时间的育儿假，这已被发现会对女性的职业生涯和获得收入的能力产生负面影响。2008年引入的“性别平等奖金”为更平等地分享育儿假的父母提供额外的经济奖励。一些人现在质疑这一决定，认为这一决定只是强力促进父母共担对孩子的责任，而不是允许每个家庭基于非经济因素做出自己的决定。

人口迁移

政府试图通过人口政策控制或影响的另一个主要问题是国际和国内的人口迁移（见图11）。澳大利亚长期以来一直采取强有力的支持移民政策来增加本国的人口数量和劳动力，直到20世纪后期以前它还在此范围内实施有利于欧洲移民的政策。为了避免妨碍到工业发展和其他一些开发项目，印度自独立以

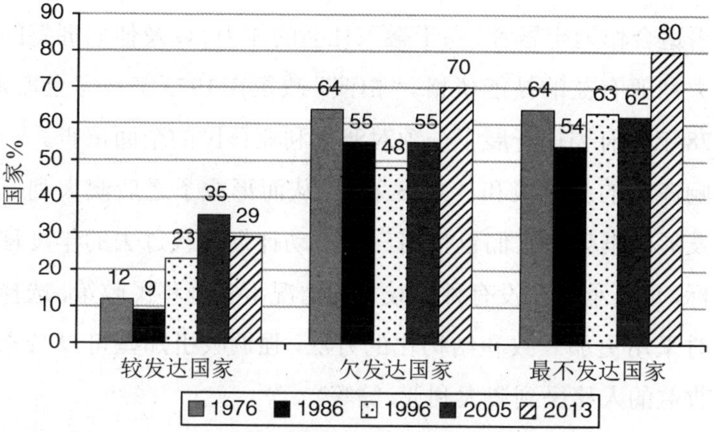

图11　渴望显著改变其国家人口空间分布的政府 106

来一直奉行强制迁移人口的政策。

目前，澳大利亚的"移民计划"允许来自任何国家的人申请移民到澳大利亚，无论他们的种族、文化、宗教或语言如何，只要他们符合法律规定的标准。上一次人口普查（2011）发现，澳大利亚的居民有2 150万，其中超过四分之一出生在海外，近一半或出生在海外或父母出生在海外。作为一个现代人口以移民为基础的国家，20世纪的澳大利亚政府大力鼓励移民。然而，在20世纪上半叶，该国还奉行所谓的"白澳"政策，对非欧洲移民施加限制。

第二次世界大战后，澳大利亚利用欧洲和一些亚洲国家的不稳定和不安全，鼓励难民和流离失所者移民到澳大利亚。使人们定居在澳大利亚，被视为确保国家安全和保证未来经济发展的一种方式。此外，有人认为增加人口将使澳大利亚较难成为外部入侵的目标。第二次世界大战后，"白澳"政策逐渐被废除。1966年，政府宣布将接受合格人群的移民申请，条件是他们是否适合作为定居者、易于融入社会的能力，以及他们拥有的对澳大利亚有益的技能资格。“白澳”政策在1973年被完全取消，1978年政府委托开展了一项对澳大利亚移民的全面审查。一些影响深远的新政策和计划被采纳，从而形成了之后澳大利亚人口发展的框架。它们包括用三年滚动计划取代过去的年度移民目标，重新承诺在没有种族歧视的情况下实施移民政策，选择移民时采用更加一致和结构化的方法，强调吸引那些可以带来积
107 极收益的人移民到澳大利亚，等等。

印度的重新安置和恢复政策属于“与开发相关的迁移”政策。为了大坝、运河、热电厂、工业设施和采矿等大型项目强制征地经常使人们流离失所，迫使他们放弃家园、资产和谋生手段。农村发展部国土资源司承认要尽量减少大规模迁移，并在迁移不可避免的情况下，谨慎处理与安置和恢复受项目影响家庭相关的问题。2003年，农村发展部国土资源司制定了一项受项目影响家庭移民安置和恢复的国家政策，目的是规划做好受影响人口的重新安置和恢复工作。2007年，上述政策被国家移民重新安置和恢复政策所取代，该政策旨在平衡以下二者之间的关系：一方面是开发活动对土地的需求，另一方面是同时保护土地所有者、租户、无地者、农业和非农劳动者、手工业者及其他以所涉土地为生的人群的利益。政策的目标是尽量减少因开发造成的流离失所，并确保在不得不迁移人口时可以有采取适当的恢复措施。

未来的挑战

根据联合国的报告，到2100年时世界人口最多将达到60亿至150亿之间。人们普遍认为，150亿的高人口数会给地球

资源带来巨大压力。100亿的中等人口数会好一些，但仍会显著增加对食物、淡水、能源和矿物的需求。此外，全球人口分布也将发生变化，总体上居住在亚洲和非洲的人口将增加，居住在欧洲和北美的人口将减少。到2050年，欠发达国家和最不发达国家的人口增长将占到全球人口增长的97%。同样，到2050年，亚洲人口将占到世界人口的55%，达到50亿，预计非洲人口将从10亿增加到20亿，而欧洲人口将从7.38亿下降到7.19 108
亿。另外，人口的年龄构成也将随着年龄中位数的上升而发生变化，在全球范围内会相应发生从人口偏年轻化向偏老龄化的转变。到2050年，全球约四分之一的人口将超过60岁，其中三分之二生活在亚洲，意味着届时亚洲60岁以上的人口将超过15岁以下的人口。

这些变化的幅度之大和速度之快，将为21世纪的人类带来相当大的挑战。

撒哈拉以南非洲地区的出生率

21世纪剩余时间的世界人口增长将集中在非洲。虽然全球的总和生育率普遍在下降，但是撒哈拉以南非洲地区的情况仍然令人担忧。联合国对此中等程度的预期是，到2050年非洲的总和生育率将下降到接近人口更替水平。如果发生这种情况，那么非洲人口将从现在的8亿增加到2050年的20亿和21世纪末的30亿。然而，总和生育率在很多非洲国家仍然保持在4以上。因此，如果该地区总和生育率的下降发生停滞并保持在目前的5.5，那么到2050年撒哈拉以南非洲地区的人口将略少于30亿，到2100年将达到145亿，从而导致到21世纪末世界最高人口规模将超过220亿。

仍然较高的生育率和较快的人口增长，对最贫穷发展中国家的个人和社区福祉造成了威胁，特别是对撒哈拉以南非洲的那些国家。因此，了解减少生育的驱动因素很重要，这样非洲妇女才能选择她们想要的家庭规模。这不仅是因为220亿人口会给地球资源带来相当大的负担，而且因为非洲各国政府越来越认识到如此高的出生率正在降低它们国家的发展潜力，而非洲妇女本身也在呼吁采取措施改善她们自身及其现有子女的福
109 祉，特别是采取那些可以充分发挥教育和环境作用的措施。

为预计到2050年的90亿或100亿人口提供食物和水

这两个问题仍未得到解答，但可能是人类在21世纪面临的最大挑战。大约8.84亿人仍然无法获得安全的饮用水，26亿人无法获得基本的卫生设施。与此同时，在发达国家出生的每个婴儿消耗的水量是在发展中国家出生婴儿的50倍。大约有10亿人无法获得足够的卡路里来满足其最低膳食能量需求，另有10亿人长期营养不良，无法获得维持健康所需的维生素、膳食矿物质、必要的脂肪酸和氨基酸。当我们将人口会增加到90亿或100亿的预测，与人们摄入的必要热量预计应该增加这二者结合起来看时，就会发现，到2030年对食物的总需求将较目前增加40%，到2050年将增加70%。

世界人口老龄化的冲击

大多数国家的低生育率和低死亡率正在导致世界人口老龄化。由于会导致需求下降和劳动力减少，人口下降和老龄化通

常被认为会对经济增长和就业产生巨大的负面影响。人口中年轻人比例的下降，被认为会导致经济活动的减少和人口中老年人比例的增加，结果是抬高对养老金和医疗保健的需求，进而对经济造成负担。特别是健康不佳和残疾的数量可能会增加，健康不佳的情况可能会从急性病转变为慢性病，重要的是，年轻人 110
数量的减少将使得能够为老年人提供护理的人数随之减少。

鉴于其人口的老龄化，高收入国家面临的两个主要挑战：一是如何确保这些老年人无论是从工作、养老金、资产还是储蓄中获得收入，二是如何提供适当和持续的医疗保健服务。

在发达经济体，养老金和医疗保健支出已经占到所有政府支出的40%。应对健康挑战的一种方法是尽可能长地保持老年人口的健康，以减少对提供和资助长期健康和社会护理的需求，以及减少对维持个人福祉的需求。第二种方法侧重于经济因素，即让人们进入老年后工作更长的时间。

世界不同地方的环境、人口和消费的关系

很多研究人员认为，最大的挑战来自人口增长与人均消费增加的结合。特别令人担忧的是全球不平等的影响。增加消费对于提高处于极端贫困和/或营养不良中的20亿人的生活水平至关重要，但同时也是这些人所处国家的人口将显著增长。因此，减少发达国家的物质消费非常重要，因为我们的星球是有限的，并且还要努力支撑起世界新兴、发展中和最不发达地区生活水平提高所需的物质和经济消费。其他还有研究者认为，由于环境和资源限制，全球经济持续增长是不现实的，支撑我们经济 111
的生态系统正在增长的消费需求下崩溃。

在人口增长和消费的问题上，人类无疑会面临上述挑战，以至于一些人又回到了马尔萨斯的观点，例如重新出现对养活全球人口的担忧。人口动量需求显著增加粮食生产以供养不断增长的人口，这对资源产生了影响；经济的发展使得西方式的饮食广为传播，但这却不是消耗地球资源作为食物的有效方式；每英亩的粮食产量也在下降。马尔萨斯一直致力于强调人口、环境、社会经济结构和政策反应之间相互关系的复杂性。也许人口学研究的创始人还有一些话要对现代人口学家说。

技术变革的冲击

从历史上看，新技术的引入会创造新的就业机会，而不是减少就业机会。例如，工业革命用大量低技能的工厂工人取代了相对较少的熟练工匠。然而，21世纪的数字革命正在取代中低技能工作，并主要为相对技能熟练的工人提供少量新的工作机会。技术变革和人口变化的交叉叠加，对中低收入国家日益增加的工作适龄年轻人口有着特别的影响。这些国家中有很多利用可得的廉价劳动力吸引来自欧洲和美国的离岸工作机会。随着年轻人拥入城市从事制造业工作，这促进了乡城迁移，进而推动了国民消费的增长，促进了当地市场的发展和服务经济的繁
112 荣。为了将“年轻人口膨胀”真正转变为人口红利，需要有不断增长的劳动力市场，而上述人口迁移过程正是促进劳动力市场不断增长不可或缺的组成部分。然而，预计未来十年机器人在制造业中的使用将增加25%，高收入国家不仅会越来越多地用自动化取代本国的制造业工作机会，而且还会越来越多地用自动化取代之前的离岸工作机会。

将人口学纳入经济学和政治学解读的重要性

今天我们可以明确地说，国家的人口结构在各个区域和国家的经济增长中发挥着重要作用，人口转变在人类发展过程中也发挥了至关重要的作用。长期以来，经济学家一直认为人口转变是跟随经济增长发生的，欧洲和北美洲在历史上就是这种情况。随着世界各地纷纷经历人口转变过程，现在很明显，这种叙事是一个更复杂的过程，人口、政治和治理结构都很重要。人口转变对经济的可能影响确实要大于影响转变的经济因素。在缺乏作为先决条件的有利人口变化的情况下，经济增长的发生确实只是例外情况。未来十年大约会有20亿新生儿出生，20亿儿童需要上学，12亿年轻人需要找工作。这一简单人口统计事实对我们的星球及其各个地区和每个国家都具有重大启示。了解其中的含义，对于人类在21世纪的成功至关重要。 113

专用词汇表

age heaping 年龄堆积

将一个偏好数字误报为某人的年龄，或将某人的年龄四舍五入为以数字0或5结尾的数字。

Age-sex structure 年龄性别结构

根据每个年龄段的男性和女性数量或比例划分的人口构成。

age-specific fertility rate 年龄别生育率

每一年里特定年龄或特定年龄组妇女的活产数，通常以每1 000名妇女为基数来表示。

age-specific rate 年龄别比率

一种计算出的比率，用于表示给定年龄或特定年龄组内人口统计过程的发生率，通常每5岁为一个年龄组。

age-structure effect 年龄结构效应

人口中每个年龄组的相对规模在决定某个特定时期内生命事件数量方面所起的作用。

birth cohort 出生队列

在某个特定时期内出生的一组人群，通常是在一个日历年或若干年内。

birth interval 生育间隔

进入两性结合与第一次生育之间或两次连续生育之间的时间间隔。

birth order 出生顺序

根据母亲以前的生育数对出生进行的排序。

birth spacing 生育间隔

夫妇双方有意识地采取行动，使得孩子的出生保持特定的时间间隔。

carrying capacity 承载能力

某个给定区域内可持续供养的最大人数。

cause-specific death rate 死因别死亡率

一年中可归因于特定原因或一组原因的死亡人数，以年中人口的每100 000人为基数来表示。

census 人口普查

收集、编制和发布特定时间、特定区域内所有人的人口统计、社会和经济状况数据的总体过程。

circular migration 循环式人口迁移

人口迁移（参见有关概念）的模式，指的是个人或团体离开然后又返回初始地。

closed population 封闭人口

在没有迁入或迁出的人口群体中，人口的增长取决于出生人数和死亡人数之差。

cohabitation 同居

以非婚姻结合的方式生活在一起的两个人。

cohort 队列

在特定时间段内经历相同重大事件的一群人。

cohort analysis 队列分析

使用队列（参见有关概念）作为研究单位的人口学分析。

cohort effect 队列效应

个人在任何时候的人口学行为取决于其个人积累的经验，并与同一队列的其他成员共享。

component methods 要素法

通过将总体人口变化分解为出生、死亡和迁移的不同组成部分来估计人口规模和年龄性别结构的方法。

crude rate 粗率

由一定时期内发生的人口统计事件数量与该时期内平均总人口数之比所构成的一种比率。

density of population 人口密度

对某个标准单位地区内的居住人数的相对性衡量。

dependency rate 抚养比

人口中经济上依赖他人的部分与从事生产的部分之比。

emigration 人口迁出

从一个国家向外移民的国际人口迁移过程。

emigration rate 人口迁出率

一定时期内离开某个特定国家或地区的迁移人数与该时期平均人口之间的比率。

endogenous mortality 内源性死亡

因衰老或先天缺陷等内因导致的死亡。

enumeration 枚举

一种旨在提供有关人口成员信息的行动，代表的是人口普查的数据收集阶段。

event history 生命事件历史

对个人在一个或多个人口统计过程中经历的详细记录（详见生命史）。

exogenous mortality 外源性死亡

因诸如事故、寄生虫或传染病等外因导致的死亡。

family planning 家庭生育计划

夫妇或个人有意识地控制生育数和生育间隔。

family reconstitution 家庭重建

一种记录关联技术，可以将登记系统记录的生命事件关联起来，从而重建各个家庭的历史。

fecundity 生育能力

再生产能力，其可能会也可能不会带来生育。

fertility 生育

个人、夫妇、团体或人群的生育表现。

gerontology 老年学

对老龄化、个人和人口的各个方面及其结果的研究。

growth rate 增长率

一定时期内人口的总增加（或减少）与该时期平均人口的比率。

hazard function 风险函数

用数学表示每个年龄或持续时间内发生的不可再生人口统计事件的可能性。

hazard model 风险模型

使用协变量来估计各种独立因素的影响，以某个过程的风险函数作为因变量。

household 户

共同准备食物和其他生活必需品供给的个人或多人。

immigration 人口迁入

从另一个国家向某个给定疆域移民的国际人口流动。

incidence rate 发病率

特定观察期内人口中发生疾病的新病例数除以该时期的平均人口数。

infant mortality 婴儿死亡

活产婴儿在出生一年内的死亡。

inmigration 国内人口内迁

从同一国家的另一不同地区到某个特定地区的人口迁移。

intercensal 两次人口普查之间

限定词，适用于两次人口普查之间的时期，以及发生于这一时期的措施和现象。

kinship 亲属关系

基于真实的、推定的或虚构的血缘关系形成的人际关系。

life cycle 生命周期

个人经过的从出生开始到死亡结束，或家庭经过的从形成开始到解散结束的阶段序列。

life expectancy 预期寿命

在适用的特定生命表暗含的死亡率条件下，个人能够继续生存的平均年数。个人在x岁时的预期寿命用e_x表示，出生时预期寿命用e_0表示。

life history 生命史

对个人在一个或多个人口统计过程中经历的详细记录（参见生命事件历史）。

life table 生命表

对人口死亡率的详细描述，可以给出每个年龄的死亡概率。

marital status 婚姻状况

个人在婚姻方面的状况。

marriage 结婚

异性之间或（在某些国家）同性之间的合法结合。

maternal mortality 产妇死亡

与怀孕、分娩或产后期（月子期）有关的原因造成的死亡。

migration 人口迁移

涉及永久或半永久改变常住地的个人或团体的人口流动。

migration model 人口迁移模型

试图解释观察到的人口迁移模式的理论建构，通常以数学方式表达。

momentum 动量

当某一人口群体的生育率改变到刚好确保每一代的人口更替水平时，人口规模中出现的增加（或减少）。

morbidity 患病率

某一人口群体中疾病和残疾的状况。

mortality 死亡

某一人口群体中死亡发生的过程。

nationality 国籍

表明他或她特定国家公民身份的个人特征。

natural fertility 自然生育

其成员不采取避孕或人工流产措施的人口群体的生育。

natural increase 自然增长

在特定时期内由于出生人数多于（或少于）死亡人数而产生的人口规模变化。

net migration 人口净迁移

迁入特定区域的人数与迁出人数之间的差额。

outmigration 国内人口外迁

从同一国家的某个特定地区向另一不同地区的人口迁移。国内人口外迁是一国内部人口迁移的组成部分。人口迁出是指迁移到外国，而国内人口外迁是指离开国内某个特定地区而到同一国家另一不同地区的人。

parity 分娩数

一位妇女（或一对夫妇）之前的活产数。分娩数有时也被用于表示一位妇女之前经历的生育次数。

parity-specific fertility rates 分娩数别生育率

把一定顺序的出生数与特定分娩数（参见有关概念）的妇女联系起来的比率，例如用第三胎除以已经生育过两个孩子的妇女即“二次分娩数妇女”的人数。

period analysis 时期分析

侧重于特定时期（通常为一年）内发生事件的人口统计分

析。也使用近义词趋势分析和横截面分析。

population dynamics 人口动力学

对死亡、迁移和生育引起的人口规模和结构变化的研究。

population pyramid 人口金字塔

显示人口年龄性别结构（参见有关概念）的双条形图。

prevalence rate 现患率

对特定时间段内（时期流行率）或对特定时间点上（时点流行率）患病率（参见有关概念）的衡量。

projection 推算

根据对未来生育、死亡和人口迁移趋势的假设，计算未来人口的规模和特征。推算和预测之间存在区别，后者隐含着预言的成分，而前者代表的只是做出各种假设。

proximate determinants of fertility 生育的直接决定因素

直接影响生育的生物和行为因素，社会、经济和其他因素则是通过这些因素来影响生育。中间生育变量也可作为替代术语来使用。

quantum 数量

给定事件发生在队列（参见有关概念）成员身上的最终频次。

ratio methods 比率法

通过应用每个子群中总人口的比例来计算和推算子群人口（参见有关概念）的方法。

record linkage 记录联系

与个人或婚姻有关的各种信息的汇编。

return migration 人口回迁

个人返回之前居住地区的人口迁移。

reverse survival 反向生存

在当前年龄结构的基础上，在给定关于当前死亡率的假设下，先重建人口的年龄结构。

sampling 抽样

从部分人口中收集数据以求对整体进行推断。

sex ratio 性别比

人口中男性人数与女性人数之比，或男性发生的事件与女性发生的事件之比。

standardization 标化

一种提高来自不同人群数据可比性的技术。

stratified sampling 分层抽样

将抽样框细分为层，每层独立进行抽样的抽样方法。

tempo 时间

特定队列（参见有关概念）中事件的时间安排。

total fertility rate（TFR）总和生育率

特定时期内（通常为一年）整个育龄范围内的年龄别生育率的总和，通常是一个妇女在一生中生育的孩子数，如果她经历了各年龄的时期生育率的话。

urbanization 城市化

居住在城市地区人口比例的增加。

vital event 生命事件

可以改变人口构成的个人状况的重大变化。

working age population 工作适龄人口

作为劳动力来源的年龄组的那部分人口。关于适龄的定义各不相同，但国际比较中通常用15至64岁的定义。

zero population growth（ZPG）零人口增长

某一人口群体中的出生人数和迁入人数等于该人口群体中的死亡人数和迁出人数。

索 引

（条目后的数字为原书页码，见本书边码）

A

B

C

D

N

O

P

R

Sarah Harper

DEMOGRAPHY

A Very Short Introduction

For Caroline

Contents

List of illustrations

List of tables

Chapter 1
Demography is destiny... or not

In the background to the emergence of the First World War, the alliance between France and Russia played a crucial role. While political allegiances had led to this, it is also recognized that it was France losing the demographic race with Germany which also promoted the alliance. France received a huge reserve of Russian manpower in return for sending its capital and technology. Twenty-first-century Britain's multicultural society emerged from its declining ability to replace its population by births alone during the second half of the 20th century. This encouraged an exchange of migrant labour from its former colonies in return for capital transfers. Japan's early economic success has been partially explained by its high-density population which enabled technology transfer to rapidly occur. Political alliances, cultural change, and economic growth can be all attributed in part to the demographic structure of the nations involved.

The origin of the concept that 'demography is destiny' is contested. While few would maintain quite such a deterministic stance, it is increasingly recognized that population change plays a key role in our political systems, economies, and societies at the local, national, regional, and global level.

While there are many subjects which are interested in people, such as anthropology, sociology, and psychology, demography has at its core the notion of drivers of population change, namely mortality, fertility, and migration, and how these then interact to change populations. The interaction of these demographic drivers has led to various outcomes in terms of population size, composition, density, and distribution, which vary within and between countries and regions. These then have a significant impact on the societies and communities which they form, and also on the individuals who make up those societies and communities. For example, the birth cohort or generation into which each person is born, the demographic composition of that cohort, and its relation to those born at the same time in other places, and before and after, strongly influence individual life chances. Additionally there are impacts upon the economic and political structures within which that life is lived, structuring access to social and natural resources such as food, water, education, jobs, sexual partners, and even the length of an individual's life.

England, the mid-17th century: a time of renewal and discovery, a time of plague and death. The coincidence of these two conditions led to the founding of demography. The Royal Society was established in 1660 dedicated to 'empirical observation and experiment'; Newton and colleagues at Cambridge were developing calculus, the science of mechanics, and the theory of gravity. The identification of mathematical formulae which explained God's work in physics and the physical world was a natural path to discovering further formulae which would explain his plan for the human body. All around was death, emanating from the relentless spread of the Plague. The *Bills of Mortality* which published weekly numbers of London burials provided the perfect source from which to explore the laws of life and death programmed into the world at God's creation. The use of this data by the merchant John Graunt to create the first primitive life table in 1662 was the original piece of research in demography. The laws of earth, the sea, and the sky had been joined by a mathematical law of life and death. While demography has expanded over the centuries to encompass wide-ranging theories and methodologies which explore the basic tenets of how populations grow, reproduce, and change, still within its heart remains the search for mathematical laws which may explain the length of human lives; a search which it now shares with fellow scientists in mathematics, evolutionary biology, and genetics.

Contemporary demography may be divided into three separate areas of study. First is the study of the characteristics of past or current populations, with regard to their size and make-up. Particular interest is shown in the criteria of age, sex, marital status, education, spatial distribution, ethnicity, and socio-economic group. Second is an interest in the different processes which directly influence this composition, primarily fertility, mortality, and migration, sometimes known as the demographic drivers. The third area concerns the relationship between these static characteristics and dynamic processes and the social, economic, and cultural environments within which they interact.

Current authors argue that modern demography holds a special place within the social sciences. Unlike many other social disciplines, such as sociology or psychology, the units of analysis are clear—people. Furthermore, the laws governing the human action of the main demographic processes, reproduction and death—fertility and mortality—are more regular than many other behavioural processes. Third, contemporary demography is a true interdisciplinary discipline, as it relies heavily on other social sciences to interpret demographic outcomes.

In this Very Short Introduction I shall start by exploring the way in which the global population evolved over time and space, experiencing a steady though small increase for thousands of years, until it transitioned around 200 years ago and global population grew dramatically. At the end of the last ice age 20,000 years ago there are estimated to have been around 1 million *Homo sapiens* scattered across Europe, Africa, and Asia.

The next 15,000 years saw a dramatic evolution in human economy and society with the emergence of agriculture, settled dwelling, and civilizations. By 5000 BC the world population had reached an estimated 5 million and each continent was now settled. It took a further 7,000 years for the human population to reach 1 billion by around AD 1800.

The advent of urbanization and industrialization led to a steady increase in population numbers. From 1700, the death rate began a long gradual decline: trade, agricultural, and industrial revolutions increased standards of living, and public health initiatives significantly reduced infant and child mortality. The population doubled to 2 billion by the early 1900s (around 1930) and within fifty years had doubled again to 4 billion (1975), and had reached 6 billion by the millennium. It now stands at some 7 billion and is projected to reach around 10 billion during this century.

I shall then look at the development of the discipline of demography, considering who the main theorists were, why they became interested in demography, and how they shaped the discipline across the centuries. As I have described, formal study of demography may be traced back to Graunt in the mid-17th century with his primitive life tables. Others took up the task and by the 19th century mathematical estimations were sophisticated and well recognized. Theoretically, it was Malthus who hypothesized the implications of unchecked population growth and is thus seen by many as the true founder of demographic studies.

One of the major debates has been around the demographic transition—or transitions. This is the series of changes that occur as countries evolve from a stable state of high mortality balanced by high fertility to one of low mortality and low fertility. The timing and drivers of this transition are heatedly contested by the theorists. We shall explore the tools and materials used by demographers to understand these processes.

By the early 20th century, demography was recognized as a separate field of study, with the first university courses being taught, key theorists recognized, and a clear set of methods and techniques developed. Alongside this we shall consider the emergence of new demographic sub-disciplines. Recent decades have seen both the inclusion of demography within other disciplines (e.g. sociology, history, economics) as an area of study, and the development of sub-disciplines. Bio-demography, population economics, population geography, social demography, and anthropological demography, all now form part of a broad field of population studies which analyse the relationships between economic, social, cultural, and biological processes influencing a population. This has enabled a multi-disciplinary approach to be taken which can address a variety of contemporary issues and make use of the predictive power of demography to look into the future.

Do all countries have population policies? We shall consider some of these, before addressing some key population challenges of the 21st century. Will fertility rates fall to replacement in sub-Saharan Africa? And what will be the consequences if they do not? What is the relationship between environment, population, and consumption in different parts of the world? How will we feed and provide water for the projected 9 or 10 billion of us by 2050? What will be the impact of the upcoming ageing of the world's population?

Demography, at its core a mathematical science, is addressing some of these grand challenges. Demography may not be destiny, but it can provide the scientific evidence needed to guide governments and policy makers across the 21st century.

Chapter 2

From 55,000 to 7 billion

The human population as we understand it today commenced around a million years ago; 1.2 million years ago there were some 55,000 humans from which all today's human population descended. This included several species such as *Homo ergaster* in Africa and *Homo erectus* in East Asia. New genetic evidence is transforming our understanding of human evolution. This data suggests that all modern humans, African and non-African alike, descend from one homogeneous ancestral population in the last 100,000 years. This goes against earlier theories that African separated from non-African populations much earlier.

In addition, this data also suggests that after *Homo sapiens* left Africa some 60,000 years ago the sharing of genetic material through interbreeding between African and non-African populations continued until 20,000–40,000 years ago.

In addition, comprehensive dating of bones and tools suggests that modern humans arrived in Europe as early as 45,000 years ago and lived alongside Neanderthals for up to 5,000 years and may even have exchanged ideas and culture. There is also genetic evidence that these human populations subsequently interbred with Neanderthals and that modern European people in particular contain up to 5 per cent Neanderthal DNA. Researchers suggest that Neanderthals declined in numbers over thousands of years

> **Box 1 Did modern humans slaughter Neanderthal man to become the dominant species?**
>
> There has long been speculation that modern humans arriving in Europe from Africa introduced fatal African diseases and hunted down and slaughtered the resident Neanderthals, causing their extinction within 500 years. Researchers now believe that the two species lived together for as long as 5,000 years, hunting the same animals, collecting the same plants, and exchanging ideas, technology, and culture. They even interbred, leading to Neanderthal DNA in modern European populations. Both archaeological and genetic evidence shows that when modern humans arrived in Europe from Africa, the Neanderthals were already in decline, and were probably unable to survive the harsh climatic change that occurred throughout Europe some 40,000 years ago.

while at the same time modern humans increased in number. A period of extremely cold weather around 40,000 years ago might have proved too much for the dwindling population numbers, and led to their final extinction (Box 1).

By 30000 BC *Homo sapiens* are recognized to be the only type of human left on the planet. At the end of the last ice age (last glacial maximum) some 20,000 years ago, the time of the Palaeolithic Age, there were estimated to be around 1 million people, scattered across Europe, Africa, and Asia. Genetic evidence suggests that the European population may have shrunk considerably on first leaving Africa. Humans had reached Australia, but probably not the Americas.

Rapid economic and social evolution

The next 15,000 years saw a dramatic evolution in human economy and society with the emergence of agriculture, settled dwelling, and civilizations. Around 10,000 years ago there was a period of global warming, the ice sheets melted and retreated, and we entered the Holocene period, in which we still live today. Initially this led to the cultural periods of Mesolithic hunter-gatherers and Neolithic agriculturalists, and it is argued that this agricultural development supported sustained population growth at this time. The dramatic transformation of the Neolithic Revolution around 10000 BC, sometimes termed the Neolithic Demographic Transition, occurred whereby populations moved from a nomadic hunter-gathering to sedentary agriculture. This transition appears to have occurred independently across continents and time—from Europe and the Middle East, to the Near East, China, and Mesoamerica. The former Palaeolithic hunter-gatherers mostly existed in small independent groups vulnerable to local variations in food supply. Neolithic agriculturalists formed larger, denser concentrations of population who could withstand seasonal times of famine through the building up of surpluses.

The classic theory explaining the sudden expansion in population during this production transition assumes that the innovation and diffusion of new techniques of production, the cultivation of easily stored nutritional grains, and the domestication of animals expanded the availability of food and protected populations from nutritional stress. As a result health improved, mortality declined, and the population grew.

This theory has been questioned, however, by others who suggest that in fact mortality increased, rather than declined, and it was only the increase in fertility levels which led to population growth. Here it is argued that as people turned from a mixed diet of fruits and vegetables and meat to a high reliance on grains, the nutritional value of their diet decreased. In addition it is proposed that the higher-density living of settled agriculture populations allowed the spread of parasites and infectious diseases. Thus the nutritionally weaker agriculturalists had high rates of morbidity and lower life expectancies than the hunter-gatherers who preceded them.

However, the transition from nomadic to settled ways of living increased fertility. Modern anthropological studies in Africa, for example, have indicated that women who have taken up settled agriculture have shorter spacing between childbirths than their contemporaries who still remain hunter-gatherers. For nomadic peoples it is burdensome to continually move around with babies and infants, while child labour is a valuable asset to farming. Regardless of the theory, the population increased considerably and by 5000 BC the world population had reached an estimated 5 million and each continent was now settled (Box 2).

These two theories both explore the influence of economic and social ways of life on the behaviour of the populations involved. It is also possible that the demography itself influenced people's behaviour. For example, it may be argued that around 10,000 years ago population pressure on the land available for hunting and gathering forced populations to cultivate food as well as gather it, in order to make the available land more productive. It is suggested that hunter-gatherers knew how to grow crops as well as to gather, but it was not until they needed to switch to cultivation due to population pressure that this transition occurred. Such arguments are supported by evidence that

Box 2 Are there more humans alive today than have ever lived?

Although it is difficult to estimate historical population figures the Population Reference Bureau estimates that about 107 billion people have ever lived. There are currently 7 billion people alive today, which means that for every living person fifteen have lived before and died. Demographers believe that by the time of Christ the planet had already been home to over 7 billion people.

the move to agriculture required a greater workload than hunting and gathering and thus would only have been adopted under necessity.

Over the subsequent 5,000 years the Neolithic transition allowed the doubling of the population each two millennia, arriving at a quarter of a billion by the time of Christ. This was a considerable increase in growth from the previous 25,000 years of humankind, in which the population had needed nearly 10,000 years to double each time. Many scholars link this growth with the emergence of new technologies, allowing the diffusion of crops, animals, and inventions, and also people, along a fertile geographical axis spreading across Eurasia. The invention of the wheel, for example, in South-East Asia in around 3000 BC transformed transportation, allowing the rapid movement of people and goods along newly created roads. Writing emerged in both Mesopotamia and China at around the same time, leading to the spread of ideas and innovations. Both of these led to the creation of new civilizations and large territorial empires—the Ottoman Empire, Egyptian Kingdoms, Roman Empire, and Chinese Dynasty, for example. At its height the Roman Empire probably comprised some 50 million people, with some suggesting that Rome itself held over 1 million people. There was probably an equivalent population in India and China. Large cities emerged developing systems of governance and control over growing populations. These supported wide-scale technological innovations such as irrigation systems leading to vastly improved food supplies, regulation of water supplies, drainage and sanitation systems, and mathematical and accounting mechanisms which regulated trade. Though population growth was supported by these new innovations, it was also still vulnerable to disease, famine, and changes in the climate, which kept rapid population growth in check.

The next one and a half thousand years saw huge fluctuations in population growth. It appears that there was little increase in world population size between AD 500 and 900, followed by growth over the next 400 years in many parts of the world. Roman Britain stood at around 1 million at the dawn of the millennium but was of the same population a thousand years later when the Doomsday Book was written. The first three centuries of the second millennium heralded a period of steady growth and population expansion in many parts. The European and African populations doubled, and those in Asia and the Americas by 1.5. Britain's population, for example, grew rapidly under the Normans, increasing some fourfold to 4 million. Evidence from Ceylon suggests rapid growth supported by sophisticated agricultural systems, reaching a high in the 12th century. China probably grew from 70 million at the beginning of the millennium, to 120 million by the 12th century.

During the 1300s, however, with the exception of the Americas, these populations then shrank back. It may have been a change in global climate—the European climate was particularly unfavourable during this time, for example—or a natural brake on population growth due to population pressure, or simply a coincidence. The Black Death of the 14th century, a pandemic plague which spread from the Gobi desert to China, India, the Middle East, and Europe, cut back the European population by one-third. This was followed by a period of restrained growth for 300 years.

In the 1500s the European discovery of the Americas had a catastrophic effect on the indigenous populations. The Native Americans and the civilizations of the Aztecs in the North and the Incas in the South were decimated by disease, famine, and war. From 1600 Asia experienced periods of growth and then stagnation. Japan, which tripled its population between 1600 and 1700, then rapidly declined. Likewise China doubled its population between 1700 and 1800 and then slowed again. A great trading empire, China turned inwards, failing to industrialize like its European neighbours, and losing out on the subsequent European demographic boom of the 19th century.

Steady expansion

Then at the end of the 18th century, a change occurred in Europe. The boom and bust of population growth steadied. The high mortality and high fertility rates started to fall. Women who had lost up to half their babies and children before they reached reproductive age no longer had to bear five or six children just to replace the parents. Deaths across the life course were reduced. Europe had entered the demographic transition.

By the end of the 18th century, after 30,000 years of human habitation, world population had reached 1 billion, scattered across all regions. Within 100 years over half the babies born would make it to reproductive age, and with continuous increase in life expectancy, the world population would commence its steady, continuous growth. By 1930 world population had doubled to reach 2 billion people, doubled again to 4 billion by 1975, and is predicted to double again by around 2030. Distribution of this population has also changed. Asia consistently held two-thirds of the world population until 1900, when its share of the world population declined to 57 per cent. Europe increased to reach 25 per cent by 1900 before slipping back considerably to under 10 per cent by the end of the century. Africa has remained at around 15 per cent and the Americas at around 10 per cent.

Looking forward it is predicted that there will be an overall increase in those living in Asia and Africa and a continued fall in European and North American populations; 97 per cent of all population growth to 2050 is predicted to occur in the emerging economies, predominantly in Asia and Latin America, and the least developed countries, mainly in sub-Saharan Africa. Asia will comprise 55 per cent of the world population by 2050 at 5 billion, while Europe will decline from 740 to 709 million, only around 7 per cent of the global population.

In addition, rural-to-urban migration, combined with natural increase, is leading to a disproportionate increase in urban population, especially in less developed countries. At the end of the 19th century only 10 per cent of the world's population lived in urban areas. By 1950, the urban population stood at 29 per cent, reaching over 50 per cent by the millennium and predicted to reach 75 per cent by 2025. Urban areas are also increasing in size. In 1950, only two cities, Tokyo and New York, were over 10 million people. There are currently twenty-eight mega-cities with over 10 million. It is predicted that by 2030, there could be forty-one urban areas with over 10 million people. Eight of these urban areas would hold over 20 million people each, with all but two in developed regions.

The age composition of the world is also changing. By the measure of more people over 60 than under 15, Europe reached maturity at the turn of the millennium. By 2050 the proportion of young people in Asia will have fallen and there will be more than 1 billion people over 60, 20 per cent of the population, compared to less than 1 billion under 15, 19 per cent of the population. Similarly, Latin America and the Caribbean will reach 20 per cent age 60 and over by 2040, while those under 15 will fall to 19 per cent. Indeed by 2050 there will for the first time be the same number of old as young in the world—with 2 billion of each—each accounting for 21 per cent of the world's population. Africa, however, will continue to grow and remain young. It is projected to double in size by 2050 from 1 to 2.3 billion, with one-third of its population remaining under 15.

As the French demographer Livi Bacci has stated, 'The million inhabitants of the Palaeolithic Age, the 10 million of the Neolithic Age, the 100 million of the Bronze Age, the billion of the Industrial Revolution, or the 10 billion we may attain at the end of the twenty-first century certainly represent more than simple demographic growth.'

Chapter 3
The fathers of demographic thought

Demographic ideas can be traced back to antiquity. The term 'demography' comes from the Greek 'demos' meaning the common people of an ancient Greek state and all ancient civilizations developed a means of describing the people and composition of their societies. It is, however, generally accepted that demography originated in the middle of the 17th century with the English statistician, John Graunt, as its founder. It may even be argued that demography has an exact date of birth, 27 February 1662, when Graunt's *Observations* were first published. For while there were population censuses well before this date, including information about numbers of deaths and births, this was the first attempt to examine statistical regularities inherent within these numbers.

Yet what is striking, when considering the theorists who founded and developed the study of 'demography', is the diversity of their social and academic backgrounds. Beginning in the 17th century with an inquisitive and pragmatic merchant and followed by astrologers, philosophers, statisticians, engineers, and economists, the theorists discussed in this chapter are brought together by their shared interest in the study of people. As diverse as their backgrounds are the motivations that drove their research. What is viewed today as an academic field was stimulated by market research, personal economic gain, and in many cases simply occurred as a result of chance events and circumstances.

England's Royal Society played an important role in demography's early development. The Royal Society for the Improvement of Natural Knowledge was established in 1660, dedicated to 'empirical observation and experiment, first to the study of the natural world and technology, and then to the study of society'. An important shift occurred in the 20th century when demography became an academic subject, first as part of mathematics and statistics, and university courses commenced, demographers were trained, and demography became recognized as a separate field of study; in 1928 the International Union for the Scientific Investigation of Population Problems was established.

John Graunt (1620–1674)

The formal study of demography can be traced to the English 'statistician' John Graunt, born in London on 24 April 1620. Little is known about his education, although it is assumed that he did not attend university. Despite the lack of a formal education, Graunt's biographer John Aubrey describes him as an ingenious and studious person, and it is known that Graunt taught himself French and Latin. John Graunt followed his father, Henry Graunt, into haberdashery and by 1666 he was an opulent London haberdashery merchant. It was Graunt's interest in the composition of his potential customer base which led him to explore the characteristics of the population of London. Graunt studied the London parish records and in 1662 published his *Natural and Political Observations Made Upon the Bills of Mortality* containing the first, primitive life table (see Table 1) which clearly and concisely presented data from the different parish churches of London, which collected and recorded the information about their congregations. Whilst Graunt's method might be seen today as simplistic it enabled him to extract some interesting population trends. For example, his analysis revealed that both birth rates and mortality rates were higher in males than in females. So, although more men were being born, fewer were reaching 'old age'. Graunt was thus able to show that on

Table 1 Graunt's life table

Age interval	Prop. deaths in interval	Prop. surviving till start of interval
0–6	0.36	1.00
7–16	0.24	0.64
17–26	0.15	0.40
27–36	0.09	0.25
37–46	0.06	0.16
47–56	0.04	0.10
57–66	0.03	0.06
67–76	0.02	0.03

balance there were a fairly even number of adult males and females in the population.

Graunt's analysis also enabled him to 'estimate roughly the number of men currently of military age, the number of women of childbearing age, the total number of families, and even the population of London'. He could also estimate the probability of survival to each age with his data revealing that the chance of death at 50 was the same as the chance of death at 20. From this Graunt deduced that these deaths could not be solely age related and suggested that the 'plague' must be the overriding factor. The 'plague', or more likely a variety of different 'plagues', had been endemic in London for many years and was an important concern for King Charles II, who was working on a system to prevent the spread of plague in London. On 27 February 1662, 'the birthday of demography', Graunt presented his life table to the Royal Society. Two months later, on 26 April, Graunt became a member of the Royal Society on the personal recommendation of the king.

Although Graunt is widely considered today to be the founder of demography, he died in 1674 bankrupt and disgraced. His conversion, late in life, from Calvinism to Catholicism, loss of his business in the 1666 Great Fire of London, and slanderous gossip concerning his (unlikely) involvement in the promotion of the fire, led to his fall from favour. Following his death attempt was made to reattribute his 'Bills of Mortality' to Graunt's social acquaintance, Sir William Petty. Whilst Petty certainly did not write Graunt's 'Bills of Mortality' he built upon Graunt's founding achievements. Whilst recognition and praise may have waned during Graunt's lifetime, his way of thinking and interest in the population paved the way for demographers today. Graunt's tables led to the universal registrations of births, marriages, and causes of death, and he can rightly be named the Founder of Demography.

Sir William Petty (1623–1687)

Sir William Petty shared with Graunt an inquisitive spirit. Their appetite for knowledge and scientific enquiry is characteristic of the 17th century as epitomized in the establishment of the Royal Society, of which Petty was a founding member. Petty started life even more disadvantaged than Graunt, born the son of a poor Hampshire cloth-worker. However, wealth and power followed—he was educated at the universities of Leiden, Paris, and Oxford, held professorships in anatomy at Oxford and music in London, became a Member of Parliament, and was knighted in 1661 by King Charles II.

At the age of 13 years, Petty voyaged to sea as a cabin boy. But following an accident in which he broke his leg, he was put ashore in France. Taking the opportunity, Petty applied to a Jesuit University to read Latin, and received an excellent education in both languages and mathematics. Leaving France, Petty studied medicine in Holland, and anatomy in Paris. Here Petty became part of a circle of scientists and philosopher-mathematicians which included both Pascal and Descartes. The following year, 1646, he returned to England to study medicine at Oxford University. Within five years another opportunity had presented itself, and he became the 'physician-in-chief of Cromwell's army in Ireland'. Upon arriving in Ireland Petty made another move, usurping his friend Dr Benjamin Worsley, to become the surveyor-general of Cromwell's Irish lands. Within twenty years, Petty had risen from a poor cabin boy to a powerful owner of around 100,000 acres of confiscated Irish land.

Petty's important contribution to demography also occurred in 1662, when he published his 'Treatise of Taxes and Contributions' in the same year as Graunt published his life tables. Petty's work had a strong economic focus, examining the role of the state in the economy, touching on the labour theory of value, and extrapolating an estimate of community economic loss caused by deaths from mortality rates. Petty is thus viewed as one of the originators of political arithmetic, which he defined as 'the art of reasoning by figures upon things relating to government', and originated many of the concepts that are still used in economics today, coining the term 'full employment', for example.

Edmond Halley (1656–1742)

Edmond Halley is probably better known for his work in astronomy than for his contribution to demography. He is particularly known for calculating the orbit of the comet later named 'Halley's Comet'. As with Sir William Petty, Halley's expertise was multi-disciplinary. In addition to studying astronomy, Halley pursued cartography, publishing the first ever meteorological chart, and was involved in the publishing of Isaac Newton's *Mathematical Principles of Natural Philosophy*, 1687. Importantly for demography, Halley became interested in mortality tables, which laid the foundation for the future production of actuarial tables in life insurance.

Edmond Halley was born on 8 November 1656 in Shoreditch, near London. Halley's father was a successful soap-maker who, like John Graunt, lost much of his business in the 1666 Fire of London. Fortunately, Halley's father could still afford for Edmond to be privately tutored at home and then to attend St Paul's school in London. He also promoted and funded Edmond's pursuit of astronomy as a hobby, buying him the necessary astrological instruments. When Halley was admitted to Queen's College, Oxford in 1673, at the age of 17, he was already an 'expert astronomer'. He was elected to the Royal Society in November 1678, at the age of only 22, one of its youngest fellows. Halley became the Editor of the Royal Society's *Philosophical Transactions* in 1685, where he made his main contribution to demography through his interest in mortality tables, publishing the mortality tables for the city of Breslau, now Wrocław, Poland, in 1693, one of the earliest works to relate mortality and age in a population. However, astronomy remained Halley's foremost interest and in 1697 he left England to sail to Britain's southernmost territory, St Helena, to map the stars of the southern hemisphere, funded by his great supporter—Charles II.

Richard Price (1723–1791)

Richard Price was born in 1723, the first of our theorists not to be under the patronage of King Charles II. During Price's lifetime the *Encyclopaedia Britannica* was first published, in 1771, evidence of a continued commitment to discovery. Price's circle of friends further reflect the dynamism of the time and include the British Prime Minister William Pitt, Benjamin Franklin, and the philosopher of the enlightenment, David Hume. Price's major contribution to demography was his founding of a scientific system for life insurance and old-age pensions.

Price worked as a Congregational minister, following in the footsteps of his father, the Reverend Rice Price. Richard Price was a 'Dissenter' who did not follow the established, national church, choosing instead to minister to Presbyterians. He was an ardent supporter of the French and American Revolutions and was well known in his day for his controversial views, often attracting large crowds when he preached. Price eulogized the French Revolution in a celebrated sermon, 'A Discourse on the Love of Our Country' (1789), to which Edmund Burke's *Reflections on the Revolution in France* was a reply. Like both Petty and Halley, Price's scientific interests were diverse. He was interested in electricity and followed the work of his friend Joseph Priestley, the discoverer of oxygen.

Price's major contribution to demography occurred as a consequence of the death of an acquaintance, Mr Bayes. His grieving family asked if Price could examine the recently deceased's papers, written on a variety of subjects. Price had been elected to the Royal Society in 1765 for his work on probability and realized the importance of Bayes's 'Essay toward Solving a Problem in the Doctrine of Chances', sharing it with the Royal Society. Bayes's papers seem to have been the catalyst to Price's engagement in insurance, demography, and financial and political reform. In 1769 Price wrote a letter to Benjamin Franklin commenting on 'the expectation of lives, the increase of mankind, and the population of London'. His observations were published in the *Philosophical Transactions of the Royal Society* later the same year.

Price's scientific system for life insurance and old-age pensions was published in *Observations on Reversionary Payments* in 1771. This book, along with *An Appeal to the Public on the Subject of the National Debt*, published the following year, led William Pitt to re-establish the sinking fund to extinguish England's national debt. Price was awarded the freedom of the City of London in 1776 and was invited by the US Congress to advise them on finances two years later. Together with George Washington he was made LL.D. by Yale College in 1781.

Thomas Malthus (1766–1834)

It is 1798, the world population has more or less reached 1 billion, but no one knows that yet. And the founder of modern demographic studies, Thomas Malthus speaks:

> The constant effort towards population... increases the number of people before the means of subsistence are increased. The food therefore which before supported seven millions must now be divided among seven millions and a half or eight millions. The poor consequently must live much worse, and many of them be reduced to severe distress.

This was the time of the Irish Rebellion, the aftermath of the French Revolution, Napoleon's fleet was at sea, his destination unknown, unrest and famine on land. The summer of 1798 followed a decade of political tumult. Food riots had crippled England between 1794 and 1796 as poor harvests and high food prices threatened the rural poor. Labour riots erupted with the widespread breaking of the new machinery that threatened the livelihoods of rural craftsmen. The conditions of the poor, the unrest of the working man, the spread of radicalism all combined to spur Malthus on to write his thesis. Malthus was a scientist, nature was composed of laws, and the scientist's role was to discover and elucidate them for the good of mankind.

Malthus was born on 13 February 1766 into a prosperous family. Like Richard Price, Malthus's father was an acquaintance of David Hume and a follower of the philosophies of enlightenment. Malthus, described as an 'economic pessimist', was ideologically divergent to both his father and to Price. Whilst Price supported the French Revolution, Malthus's beliefs can be seen as a reaction against it.

Malthus was educated at home before being admitted to Jesus College, Cambridge in 1784, where he excelled academically.

He earned his Master of Arts degree in 1791, was elected a fellow of Jesus College in 1793, and took holy orders in 1797. In 1805 Malthus became a professor of history and political economy at the East India Company's college at Haileybury, Hertfordshire. It was the first time in Great Britain that the world's political economy had been used to designate an academic office. In 1819 Malthus was elected a fellow of the Royal Society.

In 1798 Malthus published anonymously the first edition of *An Essay on the Principle of Population as It Affects the Future Improvement of Society, with Remarks on the Speculations of Mr. Godwin, M. Condorcet, and Other Writers.* Malthus argued that infinite human hopes for social happiness must be vain, for population will always tend to outrun the growth of production.

Malthus's premises were based on a series of postulates. Food is necessary to the existence of man; the passion between the sexes is necessary and will remain in its present state; the population will increase geometrically, food will increase at the smaller arithmetic ratio. Currently population growth was restrained by 'positive checks'—war, famine, pestilence. It was important that man moved to a series of 'preventative checks'—restraint, reason, and foresight—to limit population, alleviate suffering, and improve the well-being of mankind.

His position on the human condition was heavily influenced by the doctrines of the French Revolution, and by the prevailing thought—held by such as Mr Godwin—that rational people would eventually live prosperously and harmoniously without laws and institutions. In contrast, Malthus was essentially an empiricist and took as his starting point the harsh realities of the time. His reaction developed in the tradition of British economics, which would today be considered sociological. The Malthusian theory of population was, nevertheless, incorporated into theoretical systems of economics. It acted as a brake on economic optimism, helped to justify a theory of wages based on the wage earners' minimum cost of subsistence, and discouraged traditional forms of charity. The Malthusian theory of population made a strong and immediate impact on British social policy. There was a prevailing belief that high birth rates added to national wealth. Malthus, however, believed that to maximize wealth, a nation had to balance 'the power to produce and the will to consume'.

Malthus was of course unaware that he inhabited a world which was on a tipping point. Europe was about to experience new availability of land both within the continent and in new lands overseas which would alleviate rural population pressure through migration, and new sources of food, aided by improved transportation. Emanating from France, birth control was slowly to spread forth across the region; thus while the passion between the sexes might not be controlled, the outcome—births—could be. New technologies were about to transform agricultural production, thus significantly increasing food production, and to provide new sources of labour for the working man. The European demographic transition was about to commence. While Malthus is criticized for his failure to anticipate that the agricultural revolution, emigration, and birth control would avert his predictions of disastrous overpopulation, he understood the dynamics of the population drivers of fertility and mortality and laid the basis for modern population studies.

From John Graunt to Thomas Malthus these early pioneering individuals helped to shape our understanding of the study of populations. They drew attention to the fact that studying people from a demographic perspective was as important as understanding them from a medical perspective (Richard Price) or exploring the planet that they live on (Edmond Halley). These foundations were central to developing the relationship between analytical reasoning, numerical problems, and arithmetical records. Their work, while inseparable from the commercial, legal, and religious idioms of risk and its evaluation, may be argued as forming the foundations of modern probability.

Chapter 4
The entrance of statistics and mathematical models

By the 19th century the study of 'demography' had developed from John Graunt's primitive life table to the complex statistical laws and theories of Gompertz and Makeham. The Royal Society was still to play a part in demography's evolution, though this was to wane and almost disappear as the focus of methodological development moved away from Britain to Europe, the USA, and Australia, and with the formation of the International Union for the Scientific Investigation of Population Problems in 1928 a professional body was established to mould future developments.

While Malthus's theory of the Principle of Population now holds little relevance, the Gompertz–Makeham law of mortality, the first parametric model of human mortality, is still valid today. This states that the death rate is the sum of an age-independent component (the Makeham term) and an age-dependent component (Gompertz function) which increases exponentially with age. The men responsible for this law are Benjamin Gompertz and William Makeham.

Benjamin Gompertz (1779–1865)

Gompertz was born on 5 March 1779 into a family of Jewish merchants who had settled in England from Holland. As a Jew he was unable to attend university and, as a consequence, he was self-educated. Gompertz developed a passion for mathematics, which he learnt 'by reading Newton and Maclaurin'. Gompertz's mathematical education greatly benefited from his joining the Spitalfields Mathematical Society (which later became the London Mathematical Society) at the age of 18. The anecdote surrounding Gompertz joining the London Mathematical Society is that he passed by a poor bookkeeper's shop. The owner, John Griffiths, was a gifted mathematician whom Gompertz was pleased to meet. The two talked and Gompertz asked for lessons from Griffiths. Griffiths replied that Gompertz was probably more adept to give the lessons and suggested that he join the Society. Gompertz applied and was elected—the youngest member ever. Thirteen years later, in 1810, Gompertz joined the stock exchange, becoming a Fellow of the Royal Society in 1819.

Gompertz's greatest contribution to demography came in the form of 'Gompertz's Law of Mortality', 1825. While he was not the first to attempt a mathematical formulation of the laws of mortality, Gompertz argued that 'It is possible that death may be the consequence of two generally co-existing causes; the one, chance, without previous disposition to death or deterioration; the other, a deterioration, or an increased inability to withstand destruction,' and that mankind was 'continually gaining seeds of indisposition, or in other words, an increasing liability to death'. Gompertz deduced that a form of the following equation could be used to capture the force of mortality:

$$q_x = B \bullet C^x$$

where q is the probability of dying at exact age x, and B and C are constants.

Gompertz's law showed that the mortality rate increases in a geometric progression. Hence, when death rates are plotted on a logarithmic scale, a straight line known as the Gompertz function is obtained. In 1834 Gompertz became a founding member of the Royal Statistical Society.

William Makeham (1826–1891)

Makeham's greatest contribution to demography was his modification to Gompertz's 'Law of Mortality' (1825). Over forty years after Gompertz had presented his findings to the Royal Society Makeham suggested the following alteration:

$$q_x = A + B \bullet C^x$$

'...in which the third constant, A, is used to represent the influence of causes of death not dependant on age'. Thus while Gompertz argued that mortality rates grow exponentially with age, Makeham's contribution consists in the addition of an age-independent constant that, on the one hand, accounts for mortality that is not related to ageing and, on the other hand, introduces an additional third parameter that improves the model. Makeham's Law is thus 'an actuarial rule: the mortality risk of a person at any age over 20 is equal to a constant plus a simple exponential function of the age'.

The period 1860–1910 is viewed as a time of transition wherein demography emerged from statistics. An international group of demographers—Lambert Adolphe Jacques Quételet, William Farr, Louis-Adolphe and Jacques Bertillon, Joseph Körösi, Anders Nicolai Kiaer, Richard Böckh, Wilhelm Lexis, and Luigi Bodio—all contributed significantly to the development of demography and demographic methods and analysis.

William Farr (1807–1883)

William Farr was a British epidemiologist, regarded as one of the founders of medical statistics. Born in Shropshire to poor parents, his patronage by a local landowner enabled him to gain an education and he studied medicine at University College

London. When the General Register Office was established in England and Wales in 1838 William Farr was appointed compiler of statistical abstracts and later Superintendent of the Statistical Department. A Fellow of the Royal Society, he was also involved in the Social Science Association from its foundation in 1857. Farr was appointed Assistant Commissioner of the censuses of 1851, 1861, and 1871 and wrote the Census Reports of these years including the construction of the first English life table. This allowed him full access to the main sources of epidemiological and demographic data for England and Wales.

Farr's role in the studies of cholera in the three epidemics between 1848 and 1867 made a significant contribution to the method of surveillance in controlling the disease. During the pandemic of 1848–9 Farr organized an intensive study of the cholera returns throughout England and Wales. He published data showing mortality by areas of London according to their water supplies which revealed that areas most contaminated with sewage from the River Thames experienced the highest mortality. He then publicly called on the water companies to improve the conditions of supply. When cholera returned again to London in 1853, Farr again analysed mortality rates by watersheds in London and was able to show that in an area where the water supply had been improved the death rate was lower than in adjacent areas.

Farr also developed a classification of causes of death, and made major contributions to occupational epidemiology, comparing mortality in specific occupations with that of the general population. Most famously in 1864, Farr highlighted the disproportionately high number of deaths among miners in Cornwall, showing that at each age the rate of mortality attributed to pulmonary diseases among miners was much higher than among males in the general population, concluding that the labour conditions inside mines contributed to these diseases. William Farr remains one of the major figures in the history of epidemiology.

Francis Galton (1822–1911) and Karl Pearson (1857–1936)

Increasingly, demographic practice was being influenced by modern statistics. The publication of Francis Galton's *Natural Inheritance* in 1889, and Karl Pearson's *The Scope and Concepts of Modern Science* in 1891 and *Mathematical Contributions to the Theory of Evolution* in 1893 are seen as the commencement of a new respect and awareness of statistical analysis. Galton and Pearson's work led to a new conviction that the analysis of statistical data would provide answers to many scientific questions. Data was now being collected in huge amounts, and statistical advances such as the correlation coefficient and other methods for measuring association, the invention of chi-square, and a growing emphasis on probable error formulae were laying the foundations of modern science. The Fisher–Tippett 'law of distribution' of 1928 heralded the era of big data science.

Sir Ronald Aylmer Fisher (1890–1962)

Sir Ronald Fisher was born in 1890, in London. At the age of 19 Fisher was awarded a scholarship to study mathematics at the University of Cambridge, graduating with a BA in astronomy. Once again we see the pervasive interest in astronomy amongst our theorists. Whilst at first these fields may appear divergent, the ultimate goal of both is an increased understanding of the unknown characteristics of our world, reducing large amounts of information into manageable data. Viewed in this light, the link between stars and people becomes clearer.

Fisher developed an interest in evolutionary theory during his student days, becoming a founder of the Cambridge University Eugenics Society. After leaving university Fisher taught mathematics and physics and was then appointed statistician for the Rothamsted Experimental Station, where he worked on plant-breeding experiments. In 1933 Fisher was selected as the Galton Professor of Eugenics at University College London, and from 1943 until 1957 worked as the Balfour Professor of Genetics at Cambridge.

Fisher's major innovation was his 'origination of the concept of analysis of variance' (ANOVA). 'Fisher's principal idea was to arrange an experiment as a set of partitioned sub experiments that differ from each other in one or more of the factors or treatments applied to them. By permitting differences in their outcomes to be attributed to the different factors or combinations of factors by means of statistical analysis, these sub experiments constituted a notable advance over the prevailing procedure of varying only one factor at a time in an experiment' (*Encyclopaedia Britannica*).

At the age of 60 Fisher was knighted, and four years later published *Statistical Methods and Scientific Inference*. Fisher's advances in mathematical probability highlight the development in 20th-century demography from the 18th century. Francis Bacon, whose endorsement of empiricism influenced the founding members of the Royal Society, understood that if one relies too closely on bald experience one will miss the forest and only see the individual trees. Both Petty and Graunt clearly foresaw that mathematical analysis could, to some extent, allow an observer to rise above individual cases and to see larger patterns. Two hundred years later this was realized by theorists such as Fisher and Tippett.

Leonard Henry Tippett (1902–1985)

Leonard Tippett was born in 1902, twelve years after Fisher. Tippett studied physics at Imperial College London. Next, he became a Master of Science in statistics, studying under Karl Pearson at Galton Laboratory, University College London, and under Fisher at Rothamsted. In 1928, Ronald Fisher and Leonard Tippett formulated the three types of limiting distributions for the maximum term of a random sample. Fisher and Tippett presented a theorem which can be considered as a founding stone of the extreme value theory. This theory deals with the study of the limiting behaviour of non-degenerate probability distributions of vectors of componentized maxima of random variables.

International Union for the Scientific Investigation of Population Problems (IUSIPP)

With the founding of the International Union for the Scientific Investigation of Population Problems in 1928, the field of demography moved away from a reliance on key figures, to draw more on a growing professional body of demographers; though as before, many had no formal training in demography itself. The first global population conference was held in Geneva in 1927, with an emphasis on the crucial nature of the population problems and their influence on social, economic, and political situations. At the end of the scientific meetings of the conference, it was decided that a permanent international organization should be set up to consider in a purely scientific spirit the problems of population. The IUSIPP was founded in Paris, with a predominant focus on Europe. It was reorganized in 1947 as the International Union for the Scientific Study of Population, extending its interest and expertise to less developed countries and the emerging economies.

By the early 20th century, demography was recognized as a separate field of study, with the first university courses being taught, key theorists recognized, and a clear set of methods and techniques developed. Among the key institutes are the Institut National d'Études Démographiques (INED), a French research institute specializing in demography and population studies, and the Max Planck Institute for Demographic Research (MPIDR), located in Rostock, Germany. The Population Reference Bureau (PRB), founded in 1929, is a private, non-profit organization which informs people around the world about population, health, and the environment for research or academic purposes.

The Western baby boom in the post-war years and the rapid population growth in the developing world highlighted the value of population forecasts. A paper by John Hajnal, 'The prospect for population forecasts', presented at the 1954 World Population Conference in Rome argued for greater flexibility and variety in techniques for projecting births. Hajnal was Professor of Statistics at the London School of Economics, and his most famous work was 'European marriage patterns in perspective', published in 1965, which identified a fundamental distinction between the marriage patterns of Western Europe and those of populations of Europe east of an imagined line connecting St Petersburg and Trieste—the Hajnal line.

There are now numerous well-respected and influential demographers working across the world. When members of the demography community were asked to name the most influential names of the 20th century three names topped the list: Ansley Johnson Coale, William Brass, and Jack Caldwell. These are all generally recognized as making a key and unique contribution to the discipline.

Ansley Johnson Coale (1917–2002)

Coale was one of America's foremost demographers, especially influential for his work on the demographic transition and leadership of the European Fertility Project. Coale was educated at Princeton and joined the faculty in 1947. He spent his entire academic career at the University's Office of Population Research, serving as director from 1959 to 1975. He was president of the Population Association of America in 1967–8 and president of the International Union for the Scientific Study of Population from 1977 to 1981.

Coale's first major influential work was *Population Growth and Economic Development in Low-Income Countries* (1958), which showed that slowing population growth could enhance economic development. This study was followed by *Regional Model Life Tables and Stable Populations* (1966). These model life tables both established new empirical regularities and proved invaluable in the development of later techniques for estimating mortality and fertility in populations with inaccurate or incomplete data. Along with William Brass, Coale pioneered the development and use of these techniques.

His major scientific contribution, however, was to the understanding of the demographic transition. Coale was the architect of the European Fertility Project, which examined the remarkable decline in marital fertility in Europe.

William Brass (1921–1999)

William Brass was one of Britain's most distinguished population scientists, creating a new and important strand of demography.

Bill Brass was born in Edinburgh in 1921 and studied at Edinburgh University from 1940 to 1943 and again, after war service, from 1946 to 1947. From 1948 to 1955 he was Statistician, and later Deputy Director, in the East African Statistical Department. There he worked on the East African Medical Survey and some of the early colonial censuses and it was during this time that he developed many of his ideas on the collection of demographic data and techniques for their analysis. The central problem that he addressed focused on the situation in developing countries where most births and deaths are not recorded, thus how can reliable estimates be made of death rates, birth rates, and trends in the size and structure of a population? Brass devised a series of ingenious answers to this question, demonstrating how child mortality levels and totals could be derived from simple questions to mothers on numbers of children born and still surviving; and how adult mortality could be estimated by asking people whether their father or mother had died.

From 1965 until his retirement in September 1988, Brass worked at the London School of Hygiene and Tropical Medicine. In 1974, with support from the then Overseas Development Administration, he created a Centre for Population Studies at the school and became its first director. In 1985 he was elected President of the International Union for the Scientific Study of Population, a post that spanned a term of four years.

John 'Jack' Caldwell (1928–2015)

Jack Caldwell's first academic appointment was as a Senior Research Fellow at the University of Ghana (1962–4), where he initiated a demographic studies unit and started field work on African population dynamics. This early experience began a lifelong interest in Africa. He returned to Australia in 1970 to become Head of the Department of Demography at the ANU, a position he would hold until 1988 when he moved to take up the Associate Directorship at the National Centre for Epidemiology and Population Health (NCEPH).

It was during his time on secondment as Regional Director for the Population Council and Professor of Demography at the University of Ibadan, Nigeria (1972–3) that Caldwell co-directed the Changing African Family Project. This used demographic and anthropological approaches to identify those transformations in African society which contributed to fertility decline. The subsequent *Manual for Surveys of Fertility and Family Planning* (which was written mostly by Caldwell and his wife Pat) played a pivotal role in the development of the World Fertility Survey (WFS).

As the enormous scale of the HIV/AIDS epidemic became clear in the late 1980s, Caldwell applied his knowledge of African family systems to understand what he termed 'sexual networking', working with academics in Uganda, Ghana, and Nigeria on the social context of the HIV/AIDS epidemic. In 1994, Caldwell became President of the IUSSP. The John C. Caldwell Chair in

Population, Health and Development was established in 1998 to honour his contribution; he is cited by the United Nations as 'one of the most influential and prolific scientists in the field of population... his work to frame the HIV/AIDS epidemic in Africa as a demographic, epidemiological and socio-cultural phenomenon is unparalleled'.

Theories and models in contemporary demography

The 19th and 20th centuries saw the development and consolidation of key concepts within demography. Important is statistical analysis and its various concepts such as index, rate, ratio, etc. Modern demographic data is voluminous and thus summary functions and indices, weighting, standardization, and comparison are all now essential components of demographic analysis. Formal demography deals with mathematical approaches to the treatment of deficient or non-existent population data; and methods dealing with uncertainty and credibility including simulation are now increasingly used. In particular new theories, assumptions, and methods to project future demographic trends are a key component of modern demographic techniques. Many of these are dealt with in Chapter 7, where we discuss the demographers' toolbox.

The discipline of demography, which started as a collection of ideas driven by an appetite for knowledge and scientific enquiry characteristic of the spirit of the 17th century, has matured into a formal discipline, supported by an international professional body, concerned both with the scientific understanding of population dynamics and their interaction with social, economic, and political factors. The sponsorship of the Royal Society over the first centuries of enquiry has been replaced by the IUSSP, though in 2012 the Royal Society again returned to the Population Question with its global report on *People and the Planet*.

Chapter 5
The drivers

The size, growth, density, distribution, and age structure or composition of a population is broadly dependent on three drivers: fertility (or numbers of births), mortality (or number of deaths), and migration (or number of moves in and out of that population). It is for this reason that most demographic analysis focuses on these measures.

The main measures of mortality are the crude death rate (CDR), the number of deaths to members of the population in the period divided by the total period person lives lived, and life expectancy, the average number of additional years a person would live under certain mortality conditions. The main measures of fertility in a population are the crude birth rate (CBR), which is the number of births per 1,000 population, and the total fertility rate (TFR), the number of live children born to the women of childbearing age within the population. Migration is different in that while mortality and fertility are typically studies within a closed population, migration introduces the notion of an open population—people do not just enter and leave via birth or death but also through entering and leaving the country or space under consideration. How demographers actually measure these drivers, and the data they use to do so, will be discussed in more detail in Chapter 7. Here we will explore the ideas behind our understanding of these drivers.

Mortality

In most cases mortality decline within a population occurs first at the younger ages, infants and children, and then progresses to adults, and finally pushes back average age of death of the oldest adults. In general terms improved nutrition, improved sanitation, the tackling of infectious diseases and finally of chronic disease, are the processes reducing mortality in a population.

As we have seen, in Europe it has been argued that 18th- and 19th-century trade, distribution, and transport systems increased the availability of food, public health initiatives enabled the safe storage and handling of food, and these contributed to better quality nutrition. Nineteenth- and 20th-century public health initiatives around sanitation enabled clean water, improved hygiene, and safe sewage disposal. The 20th-century introduction of penicillin and widespread vaccination programmes enabled the reduction in morbidity and mortality from infections and infectious diseases, and finally in the late 20th century pharmaceuticals and geriatric medicine made advances into tackling chronic disease and the morbidity of old age.

Another way of stating this is to say that *exogenous* mortality due to external causes such as infectious diseases has been replaced in advanced economies by *endogenous* mortality attributed to congenital defects or the ageing process, such as most cancers and cardio-vascular disease. We can explore this by considering mortality in different age groups within advanced economies. A new-born baby has a substantial risk of dying due to endogenous factors, such as congenital malformations. After the immediate post-partum period (or birth) exogenous risks such as infections and accidents become increasingly more important, and between the first and fifteenth year of life these are responsible for most deaths. After this endogenous factors start to take precedence again and deaths from heart disease and cancer slowly increase.

However, as the risk of succumbing to these in young and mid-adulthood is low, deaths from childhood onwards are pushed back into later life when the ageing body becomes particularly susceptible to these.

This helps to understand the rectangularization of the life curve in advanced economies, whereby deaths have been consistently pushed further and further back, so that most deaths there now occur after age 80 (see Figure 1). Currently life expectancy in advanced economies is 76 for men and 82 for women.

Similar factors are held responsible for the considerable mortality declines which occurred in the 20th and early 21st centuries in the less and least developed countries.

These, however, have impacted within a different context from the historical European case. In particular, the speed of diffusion and adoption has been faster, partly explained by the fact that while the European process emerged from within the countries

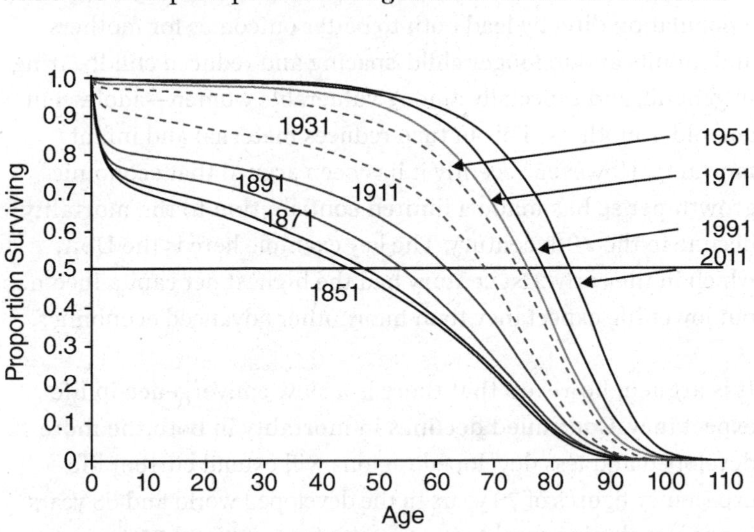

1. Rectangularization of life curve for England. In 1850 few in England lived beyond 45, now over half will live to age 80.

themselves over several centuries, many of the measures taken up in the developing world in the 20th century were introduced from advanced economies in a few decades. In addition, developing countries have benefited from the emergence of well-coordinated international programmes: for example, the work of the World Health Organization (WHO), established in 1948, in promoting global vaccination programmes; international famine relief programmes, such as the UN World Food Programme (WFP) and the Food and Agriculture Organization of the United Nations (FAO); and the emergence of the NGOs working to reduce poverty, famine, and morbidity—WaterAid, Oxfam, Save the Children, UNESCO.

In relation to both the historical mortality decline of Europe and the current falls in the less developed countries, these take place within a macro-level view that they are directly linked to economic development, industrialization and urbanization, increase in standards of living and GDP, and the related diffusion of education and health care. For example, increased levels of education within a population directly lead both to better outcomes for mothers and infants and to longer child-spacing and reduced childbearing in general, and especially among vulnerable women—adolescent and older mothers. This in turn reduces maternal and infant mortality. However, recently it has been argued that economic growth per se has made a limited contribution to the mortality decline in the 20th century. The key example here is the USA, which in the early 21st century had the highest per capita income, but lower life expectancy than many other advanced economies.

It is argued, however, that there is a slow convergence in life expectancy. Continued declines in mortality in both the more developed and less developed regions will extend current life expectancy figures of 78 years in the developed world and 68 years in the developing world, a ten-year gap, to 83 and 75 years respectively by the year 2050, thereby reducing the gap between developed and less developed regions by two years.

It is now recognized that the demographic transition has been accompanied by an epidemiological transition. This is characterized by a reduction in infectious and acute diseases and an increase in chronic and degenerative diseases. High death rates from infectious diseases are commonly associated with the poverty, poor diets, and limited infrastructure found in least developed countries. Now alongside these many such countries are also experiencing a rise in chronic and degenerative diseases. We can thus say that mortality across the life course from exogenous factors resulting from infectious diseases such as malaria and polio is now coinciding with an increased risk of death from endogenous factors such as cancer which are being exasperated through lifestyle changes, especially diet and smoking. The burden of infectious disease now lies alongside the burden of chronic disease in many countries of the South. Evidence from international epidemiologic research shows that health problems associated with wealthy and aged populations affect a wide and expanding swathe of world population. Over the next ten to fifteen years, people in every world region will suffer more death and disability from non-communicable diseases such as heart disease, cancer, and diabetes than from parasites and infectious diseases.

There is now interest in the question of life extension. Life expectancy and life extension are often confused but are two distinct concepts. In general terms life expectancy refers to the average years individuals can expect to live within a population. In technical terms life expectancy is the average number of additional years a person would live *if current mortality conditions applied*. This caveat is important and explains why current life expectancy for women in the UK is 82, and yet the Office for National Statistics (ONS) announced in 2014 that the first UK cohort of baby girls had been born with a life expectancy of 100. Indeed the life expectancy of babies born in many advanced economies in the early 21st century is probably around 103 (see Table 2). This is because across the lifetime of these baby girls the current death rates will change considerably, and they will

Table 2 Oldest age at which at least 50% of a birth cohort is still alive in eight countries

	2000	2001	2002	2003	2004	2005	2006	2007
Canada	102	102	103	103	103	104	104	104
Denmark	99	99	100	100	101	101	101	101
France	102	102	103	103	103	104	104	104
Germany	99	100	100	100	101	101	101	102
Italy	102	102	102	103	103	103	103	104
Japan	104	105	105	105	106	106	106	107
UK	100	101	101	101	102	102	103	103
USA	101	102	102	103	103	103	104	104

Data are ages in years. Baseline data were obtained from the Human Mortality Database and refer to the total population of the respective countries.

benefit from this. Most of their lives, therefore, they will not be living under the current mortality conditions. Increases in life expectancy are driven to a large extent by falls in mortality at younger ages, as more infants, children, and young people survive so the average life expectancy of the population is increased. In advanced economies, life expectancy has been increasing by two and a half years per decade for the past 150 years or six hours per day.

Life extension is the pushing back of maximum years a human population can reach. Humans have been designed to live long enough to reproduce and ensure the survival of their offspring. This is the 'essential life span'. But in most countries of the world most of us live well beyond this essential life span. In advanced economies, the greatest falls in mortality are now being experienced in later life, among the oldest old. So much so that life expectancy is beginning to bridge up against the concept of life extension. The drivers of life extension appear to be fourfold: healthy living, disease prevention and cure, age retardation or senescence prevention, and regenerative medicine. It has been argued that healthy living and disease prevention and cure can push most lives in the developed world to the century. Indeed centenarians in the

Box 3 Will humans ever live forever?

Some people assert that advances in science will eventually allow humans to live for 1,000 years or more. Others ask whether human biology will permit extreme gains in life extension. While few believe that there is a 'fixed limit to human age', few believe that we are immortal. Reality probably lies somewhere between these extremes. Possibly in the future we will be able to replace so much of our bodies that we would become a bionic creature that was completely replaced and able to live forever. The fundamental question then is biologically, socially, and philosophically—is that really still a human being?

UK are likely to increase from around 12,000 currently to half a million by the middle of the century and over 1 million by the end. Eight million alive in the UK are likely to reach a century, 127 million in Europe. However we shall probably need age retardation and regenerative medicine to achieve real life extension (Box 3).

Fertility

In terms of fertility rates, one-third of the world's countries are now at or below replacement level—crudely defined as a total fertility rate of 2.1. These are diverse, including Hong Kong, Poland, Germany, Barbados, Thailand, Vietnam, Mauritius, Iran, Chile, Tunisia, the USA, and Myanmar (see Table 3). A further

Table 3 Total fertility rate, 2012

Hong Kong	1.3
Germany	1.4
Vietnam	1.8
Iran	1.9
USA	1.9
Argentina	2.2
Venezuela	2.4
India	2.5
Pakistan	3.3
Zimbabwe	3.6
Afghanistan	5.1
Chad	6.4
Niger	7.6

fifty-eight are low medium—that is with a TFR of 2.1–3.0—these include Ireland, New Zealand, Indonesia, Argentina, Sri Lanka, Bangladesh, Mexico, Venezuela, Botswana, Egypt, Samoa, and India. Eighteen are at high medium 3.0–4.1—including Zimbabwe, Bolivia, and Pakistan. Forty-eight remain high—4.1 and above; most but not all are in sub-Saharan Africa, and most are classified by the UN as least developed countries.

The actual drivers of declines in childbearing have been long debated but broadly fall into three positions. One theory is that childbearing falls in response to a fall in infant mortality, in other words, increase in child survival rates reduces the number of births required to achieve the desired number of surviving children. It has been argued that fertility decline has never occurred in the absence of mortality decline, though there is some evidence that fertility decline did precede mortality decline in the USA and France. A second position is that the introduction of modern family planning methods has allowed women to choose the number of births they have. While some contraception has been used in many traditional and historical societies, modern forms of contraception allow more successful family planning. The third broad hypothesis is that fertility fall is driven by education. There is a strong association between those countries with a high level of educated women and those with below replacement fertility levels. Similarly, those countries with low rates of female education have high rates of childbearing. Educating girls, in particular, encourages later marriage and gives them access to the labour market, which reduces the number of births, but also and crucially it changes the 'mindset' of the women and their communities and enables them to recognize the range of alternative choices they can make. Indeed one of the greatest contemporary demographers, Jack Caldwell, identified 'ideational change' as the biggest factor in falling fertility. Recent developments in this area at the micro-level of decision making have drawn on psychological theories to help understand the role of individual psychological traits and how these may determine attitudes to childbearing and family size.

In 1950 Europe's total fertility rate was 2.5 children per reproductive woman; this had fallen to 1.5 by 2010. In Western Europe, all countries bar France are now below replacement level, and southern Mediterranean countries are at 1.2 and 1.3. In Asia, Singapore, Korea, and Hong Kong have now fallen to below 1.2. Indeed, some demographers have expressed concern that due to demographic inertia, a very low fertility rate could become irreversible.

The arguments over low fertility coalesce around three main concerns: couple replacement; young and midlife adult replacement; and environmental pressure. It is often argued that it is a natural desire for a couple—man and woman—to wish to replace themselves and that this is translated into the 'two-child norm'. While genetically each child having half the mother's and half the father's genes means that one child would suffice, it may be risk-averse behaviour, even in low-mortality societies, or the aim for one of each sex, or a sociological desire for a sibling for the first child. This is personal optimal fertility at the level of individuals and couples. Optimal fertility at the societal level is often discussed in the context of either national population replacement or labour market replacement and in more recent years in relation to earth's carrying capacity. At the national level replacement fertility is closely related to the percentage of reproductive women in the population. If in a population there is a high proportion of women of childbearing age then you need a lower child-bearing rate to achieve population replacement; if you have a low proportion of such women then you need a higher level of childbearing.

Some Asian and European countries may well be in a so-called 'low-fertility trap'. This arises through both demographic factors, the fact that fewer potential mothers in the future will result in fewer births, and sociological factors in that ideal family size for the younger generations is declining as a consequence of the lower childbearing they see in previous generations. Here it is argued that countries with very low childbearing rates of below 1.5 for more than one generation become adapted to childless or one-child families, and it is then very difficult to raise fertility again. Employment patterns change, child care and schools diminish, etc. This appears to be the case in China, for example. Here the one-child policy has been in place for thirty years, and we thus have a large number of one-child children who are now of childbearing age. Despite the fact that they are allowed two children, survey evidence suggests that many are choosing to have just one child themselves, because this is their own experience—they grew up in a society of single children.

Rapid population growth and high fertility threaten the well-being of individuals and communities in the poorest developing countries. While family planning/sexual and reproductive health programmes have made significant advances globally in helping women achieve the family size they desire, in some parts of the world, in particular sub-Saharan Africa, fertility decline is slowing or even stalling. In this region total fertility rates remain high at between four to seven births per woman. Considering the broad macro-factors (see Chapter 2), it is clear that low education, lack of family planning, and infant mortality all contribute to keeping fertility high in this region, though they are not the only factors.

Evidence suggests, for example, that continuing high rates of infant and child mortality are significant barriers to fertility decline in sub-Saharan Africa. This region has the highest level of child mortality, with an infant mortality rate of 64 deaths per 1,000 live births in 2012, some 2 million deaths, accounting for nearly half of all infant deaths globally. Similarly, there is a strong association between those countries with a high level of educated women, at least 60–80 per cent of the female population of reproductive age having completed at least junior secondary education, and those countries with below replacement fertility

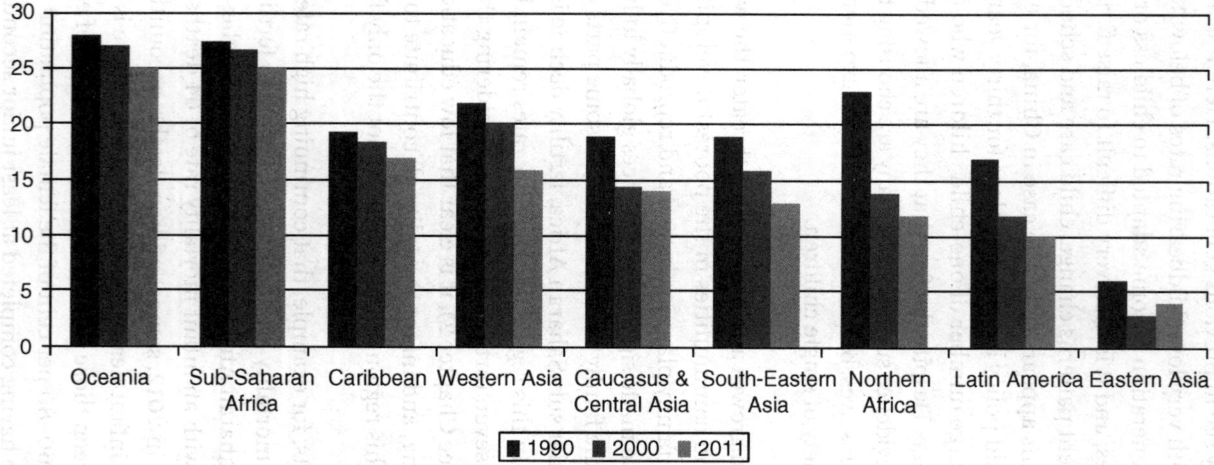

2. Percentage of women aged 15–49 who have an unmet need for family planning in 1990, 2000, and 2011.

levels. Similarly those countries with low female education rates of below 40 per cent of women of childbearing age having completed this level of education also have high TFRs. Girls' secondary education also dramatically affects fertility rates. A World Bank study found that for every four years of education that girls attain fertility rates drop by roughly one birth. Other research suggests that doubling the proportion of women with a secondary education reduced average fertility rates from 5.3 to 3.9 children per woman.

The unmet need for family planning is defined as the proportion of women aged 15–49, in a sexual partnership, wanting to postpone or avoid childbearing, but not using any method of contraception. Currently over 140 million women globally are in this position. As Figure 2 shows, the unmet need for family planning varies substantially with the highest levels of unmet need observed in Oceania and sub-Saharan Africa. However it is not straightforward to define levels of unmet need, as in some countries women may desire large families for cultural or social reasons, and thus contraceptive use is low, though the TFR is high. An example of this is Niger, where the TFR is 7.6, but the reported ideal family size is over 9.

Demographers working on fertility in this part of the world are well aware that the drivers of fertility fall are complex and research is also focused on family and social influences, cultural and religious factors, work, and other activities.

Migration

Migration has a potentially strong and long-lasting impact on population growth and structure through the interaction between the number of migrants, their relatively young age structure, and their higher fertility. Generally researchers distinguish between push and pull factors, arguing that migration flows arise from factors at both the origin and destination. The push-pull hypothesis assumes that at each end there are factors which promote and factors which retard movement, and that the balance between these factors determines the size and strength of the resultant population flow. For more than half a century the predominant global flow has been the immigration of human capital, in the form of migrant workers, from poor young countries in the South (southern hemisphere—Asia, Africa, and Latin America) to the rich old countries of the North—predominantly the USA and the European former colonial powers, such as Great Britain, France, and the Iberian countries of Spain and Portugal — in exchange for economic capital, both from national governments and in the form of individual remittances.

The first theories on international migration were developed some 250 years ago. A Swedish academic, Kryger, hypothesized in 1764 that the push factors of low wages and poor food distribution were forcing families to leave Sweden. Similar ideas were introduced in both France and England in the 19th century, suggesting that push-pull factors had to be accompanied by networks and communications between the regions or countries involved, and that a large flow in one direction would lead to a counter-flow in the other. Key here was the work of Ravenstein with his laws of migration, which are still used in some form by migration researchers today (Box 4).

Theoretical stances from economics, geography, and political science were introduced in the 20th century which emphasized the roles of enablers and barriers to migration—such as spatial and cultural distances, cost of movement, and government policies. Perspectives from sociology explored the relationship of power and prestige within a migration system, explaining some South–North–South moves in terms of low-status poor individuals moving to the North where savings are accumulated, enabling a return move to a higher-status position in the former country. Similar theories around feedback and return flows also emerged, proposing that a small group of migrants to a new region would

Box 4 Ravenstein's laws of migration

These were formulated by E. G. Ravenstein (1885) and state that:

1. Most migrants move only short distances.
2. Migration occurs in steps whereby the place of outmigrants is filled by inmigrants from more remote areas.
3. Each migration produces a movement in the opposite direction.
4. Long-range migrants usually move to urban areas.
5. Rural dwellers are more migratory than urban dwellers.
6. Females are more migratory over short distances; males are more migratory over long distances.
7. Most migrants are adults.
8. Large towns grow more by migration than by natural increase.
9. Migration increases with economic development and transport provision.
10. The major causes of migration are economic.

generate subsequent large flows, either through personal networks or through the establishment of professional bodies and agencies which provided assistance with moves. Demographers introduced ideas around assimilation of migrants into receiving countries and formalized the concepts of dependency burden and demographic potential to explain the move from the young South to the old North.

Nowadays it is recognized that push factors may be structural (macro) or individual (micro). At the macro-level rapid population growth and competition for resources may cause an out movement of people. Similarly war, famine, environmental crisis, persecution, and poverty are noted as individual motives. Pull factors are often loosely related to push factors and are difficult to distinguish. For example, the push factor of poverty in the South is reflected by the pull factor of the opportunity for wealth in the

North; lack of work in a rural area may push the migrant to move to an urban area where they are pulled by employment opportunities.

Intercontinental migration has long had an impact on population structures in both the advanced and less advanced economies. From the time of Columbus and the European discovery of the New World in the 15th century, most international migration flows originated in Europe and were directed to the Americas, and regions of the South in Asia and Africa. After the Second World War, migration from the South started to increase, as did migration within these regions (see Table 4). It is projected that the pull demand for immigrant labour in the North may be replaced by the push demand for better lives from the South. As a consequence the governments of the North may well introduce restrictions to reduce the current South–North flow. Others argue, however, that the predominant flows will increasingly be South–South and that countries in the North will begin to lose out on the skills and labour provided by workers from Asia, Africa, and Latin America. A key change over the past decade has been the increase in female migrants, particularly from Asia, as part of a growing health and social care immigrant labour group movement into the North.

Migration flows to and from sub-Saharan Africa have shown a change over the past half a century. Prior to 1960, the main flow was Europeans and Asians entering the region; this was reversed with the post-1960 decolonization whereby independence encouraged flows out of sub-Saharan Africa, mainly to Europe, for example the near 800,000 Portuguese inhabitants of sub-Saharan colonies who moved to Portugal in the 1970s, accompanied by expulsions, such as the British Asians from Uganda in 1972, and the Ethiopian Jews into Israel in the 1980s. The Middle East has long been attractive to foreign labour. However the origin of the migrants has changed from predominantly India, Iran, and Pakistan in the 1970s to include East and South-East Asia, in particular the Philippines and Indonesia. Alternatively,

Table 4 The net migration for world regions and selected countries. Net number of migrants, both sexes combined (thousands)

Major area, region, country	1950–1955	1955–1960	1960–1965	1965–1970	1970–1975	1975–1980	1980–1985	1985–1990	1990–1995	1995–2000	2000–2005	2005–2010
More developed regions	893	–607	2287	3728	6535	6532	6841	7907	11558	13923	17142	17412
Less developed regions	–893	607	–2287	–3728	–6535	–6532	–6841	–7907	–11558	–13923	–17142	–17412
Least developed countries	–502	–544	–851	–835	–4775	–4392	–6400	–3981	2738	–3467	–4640	–7457
Less developed regions, excluding least developed countries	–391	1151	–1436	–2892	–1760	–2140	–441	–3926	–14296	–10456	–12502	–9955
Less developed regions, excluding China	–875	471	–1739	–4043	–5456	–6667	–6637	–7668	–10732	–13758	–14965	–15601
Sub-Saharan Africa	–190	–132	–237	–81	–854	–1167	–1162	–1412	–450	–1137	–429	–184

(*continued*)

Table 4 Continued

Major area, region, country	1950–1955	1955–1960	1960–1965	1965–1970	1970–1975	1975–1980	1980–1985	1985–1990	1990–1995	1995–2000	2000–2005	2005–2010
ASIA	–242	1399	173	–57	–1789	–1404	–308	–2632	–7155	–6189	–8074	–9729
Eastern Asia	–530	108	–620	805	–1072	15	325	–432	–1096	–715	–1667	–1042
China	–166	–8	–1059	–13	–1113	–428	–258	–236	–824	–607	–2298	–1884
Southern Asia	–530	108	–620	805	–1072	15	325	–432	–1096	–715	–1667	–1042
India	–107	–4	–86	–246	2119	1131	483	45	–127	–443	–1923	–2978
EUROPE	–1273	–2995	521	–106	2125	2018	2164	3088	5487	4112	9373	9288
Eastern Europe	60	–1951	–1137	–360	–177	488	918	135	1222	1092	1036	2581

immigrants from South Asia have predominantly continued their association with Great Britain, though the moves to other Asian and European countries have also increased. Immigration from Indo-China, Korea, and the Philippines into the USA has been steady over the past decades, both due to conflict—a near 1.5 million being resettled in North America and Europe during and after the Korean, Cambodian, and Vietnamese conflicts, and through labour migration. As with Africa, until the 1950s South America was a receiver of predominantly European migrants, this reversing in the latter part of the 20th century, as those from the region moved to former European colonial powers and the USA. An interesting example of return migration is the migration of Brazilians and Peruvians of Japanese descent into Japan. This followed a decision by the Japanese government in the 1980s to allow overseas persons of Japanese descent to settle back in Japan.

The existence of migratory flows within rural areas and from rural to urban was theorized in the 1970s by Zelinksy, who argued that there were successive temporal phases of migration, first rural to rural, then rural to urban, then urban to urban. While this is seen as too simplistic to explain inter-country moves, the description tends to hold true in many countries. Of particular contemporary interest is rural–urban migration as this is a key contributor to urban growth. Here both push and pull factors are identified; population pressure in rural areas reducing access to natural resources such as food and shelter, or the introduction of new technologies removing agricultural jobs, provides the push. The pull comes from availability of education and medical facilities, higher incomes, and employment opportunities in the cities. Whatever the cause, rural outmigration to urban areas has undoubtedly contributed to the rapid growth in urban centres over the past centuries. It has been estimated, for example, that two-thirds of the near half a billion increase in the urban population of China over the past fifty years has been due to rural–urban migration. In other parts of the world, rural-to-rural migration is high. In South Africa a number of studies using data from rural demographic

Box 5 Why do women live longer than men?

In all societies once women have gone past reproduction, they tend to live much longer than male counterparts and it does seem that the female body is built more for longevity than the male body. For example, in terms of genetic make-up, women have two X-chromosomes, XX, and men only have one, XY. Thus if a woman has a failure on an X chromosome the second one can compensate, but a man does not have that advantage. There is also some interesting evidence around our hormonal systems. Oestrogen, the female hormone, protects against many of the diseases that affect the body, but the male hormone, testosterone, not only does not protect, it may even enhance morbidity and death. It also appears that the female immune system is stronger than the male immune system, and the male immune system does not seem to fight off either bacterial or viral infections as well as the female immune system.

surveillance sites (DSS) have documented an increasing trend of migration to other rural villages, semi-urban towns, and the rural perimeters of metropolitan areas, with evidence that over 40 per cent of the population has migrated from one district to another at some time during their life (Box 5).

Chapter 6
The demographic transition—centrepiece of demography

The 'demographic transition' is regarded as one of the centrepieces of demography. This is the continued fall in mortality and fertility rates whereby countries move from high death and birth rates to low death and birth rates. As we saw in Chapter 2, until the 18th century populations grew, stagnated and declined, and then grew again. Fertility and mortality responded to environmental and social changes—war, famine, abundance, dislocation. However, in the 18th century a new transition occurred, one which led to the immediate expansion of the population—as with the agricultural transition of the Neolithic period—but then to a steady decline of fertility leading to population decline and ageing. Commencing in Europe sometime after 1750, in Asia and Latin America during the 20th century, and with indications now that Africa will transition during the 21st century, this appears to be a fundamental break in the growth/decline/growth cycle that had occurred across human history until then.

Why the European demographic transition occurred when it did, where it did, and how it did is strongly debated, as is its counterpart in the South. However, as humans economically develop, mortality falls, population grows, fertility falls, and growth levels out or even declines. Demographic transition theory (or theories) can be divided into three broad components. The first part describes the changes over time in mortality and fertility. This part is generally based on clear data and is uncontested. The second component is most controversial as it attempts to construct causal models which might explain the timing, pace, and drivers of these changes. The third part is most uncertain as here demographers attempt to predict future changes especially for countries of the South.

The classic demographic transition is perceived as comprising four main stages (see Figure 3). In stage 1 populations experience high death rates from disease, famine, malnutrition, lack of clean water and sanitation; there is no impetus, or even the thought, to reduce fertility—these populations have high birth and death rates, and a relatively small but often fluctuating population size, for example England pre-1780 and current day Ethiopia. Stage 2 sees improvements in public heath, sanitation, clean water, and food, and mortality, especially infant and child mortality, falls. There are, however, still high fertility rates, resulting in a rapidly expanding population size—for example 19th-century England and current day Sudan. In stage 3 rapidly falling total fertility rates occur alongside low mortality rates. There is a still expanding but slowing population size such as in England in the early 20th century and Uruguay. Stage 4 sees low mortality and fertility, and a relatively stable, ageing population—current day UK and Canada, for example. During the late stages of the demographic transition, demographic inertia may set in whereby a well-below-replacement level of fertility becomes established over several cohorts. This would lead to a decline in population numbers were populations not maintained by inmigration. While many see this as the end stage of the classic demographic transition, some have suggested that it represents a second demographic transition.

It is argued that the transition brings a broad and profound change to human societies. Mortality decline leading to a greater likelihood of reaching adulthood and longer lives ensures a certain stability, people are able to plan for the future, to save and to

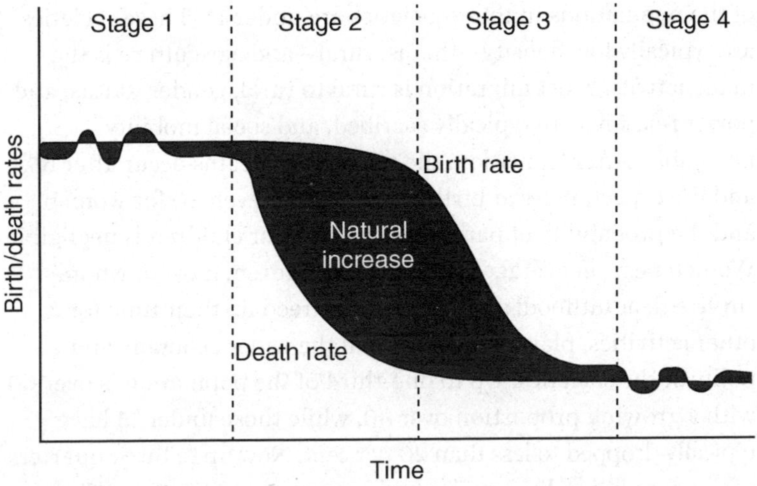

3. Demographic transition.

invest in both economic and human capital. The increase in population growth leads to migration and population density or urbanization, which in itself results in a more complex division of labour and systems of administration and governance. Family roles and relationships alter, and with fertility decline women are able to live lives that are more akin to men's. Demographically, populations move from having large numbers and proportions of young dependants to large numbers and proportions of old dependants. There is thus a change in dependency ratios, which are a measure of working age populations to dependent age populations, both old and young, and in support ratios, which measure working age to elderly dependants.

For example, a typical pre-transitional society will have life expectancies at birth of under 40 years, and women will spend most of their adult lives bearing children and will expect on average to have four to seven children, many of whom will die in infancy and childbirth. As a result there is a relatively high probability that the parent will outlive the child. Around 40 per cent of the populations in these societies are under 15. These societies are typically low density—that is, rural—and agriculture is the main activity. Most migration is rural to rural, gender, status, and power relations are typically ascribed, and social mobility negligible. After transition, the majority of deaths occur after 65, and life expectancies at birth are over 75 or even 80 for women, and the probability of parents outliving their children is negligible. Women bear on average two or fewer children, most of whom survive to adulthood, and having thus freed up their time for other activities, play a greater role in the wider economy and polity of the societies. Up to one-third of the population is over 60, with a growing proportion over 80, while those under 15 have typically dropped to less than 20 per cent. Now up to three-quarters of the population lives under high-density conditions in urban areas, and there is a merging of rural and urban lifestyles. More time is spent by all in education and a diverse range of occupations are now undertaken, mainly in the industrial and service sectors. Most migration is now rural to urban or urban to urban. Social mobility increases, and gender and power relations become more fluid.

Theorizing and re-theorizing the demographic transition

Early writing on the transition by Thompson in 1929 and Carr-Saunders in 1936 already identified the transition as a series of stages. However it was Notestein, writing in 1945, who is generally acknowledged to be the first theorist to try to concisely explain the theory of the demographic transition. He argued that urban industrial life stripped the family of many of its functions. The growing demand for skilled labour under industrialization and thus the need for education increased the costs of children and reduced their potential economic contribution via paid labour. Falling death rates were increasing the number of children who survived and this had to be supported. In response, births of new children began to decline. Kinglsey Davis, writing in 1963, developed this last point, arguing that falling death rates increased not only the number of surviving children but also of longer-lived adults. This put a strain on both households and communities. There were, he argued, three options to families: outmigration, delaying of marriage, and increasing birth control. In the 1970s the Princeton European Fertility Project, under the lead of Coale, led to the development of the Princeton Indices, and concluded that European fertility decline was driven more by cultural diffusion around accepted family size and reproductive behaviour than by economic development. This fits in well with later theorizing by Caldwell, who stressed the transmission of ideas as being key to fertility reduction in developing countries.

The demographic transition theory has, however, been questioned in relation to both Europe and developing countries. In terms of applicability to Europe it has been argued that it does not explain why countries varied in both their timing and progression. In addition the relationship between the timing and speed of mortality decline and those of the fall in fertility has been so variable that the theory does not appear to account for all the events which have happened. The socio-economic pattern in fertility development is also not accounted for; however, given the significant difference in rich and poor, it is unlikely that one theory could explain both situations. Finally, once fertility has fallen, it then appears to move up and down, not remain steady as the classical model suggests.

The second half of the 18th century witnessed the great European transition—mortality showed signs of decline and life expectancies started to increase. While there were still crises such as epidemics and famine there was a steady overall decline in the death rate. The gains in life expectancy as a result increased steadily in the 19th and 20th centuries. England, France, and Sweden, for example, gained less than a month of life expectancy per year between 1750 and 1850, rising to two months per year from 1850 and four to five months per year over the 20th century. Encouraged first by improvements in living standards and public health, and then by vaccinations and drug therapy, first infant and child mortality fell, followed by falls across the life course until old age. For example, a comparison of causes of death between Italy and England/Wales in the 100 years between 1850 and 1950 reveals that two-thirds of the gains in life expectancy from birth (LE) at this time were due to control of infectious, respiratory, and intestinal diseases. Two-thirds of the gains in LE occurred in those under 15, and only about 15 per cent from reducing deaths of those over 40.

In the early stages of the mortality transition, economic improvements thus appear to be key drivers, while as mortality decline progresses medical advances and changes in lifestyle and behaviour become more important. In the late stage of the transition, the link between economic development and mortality decline appears to be decoupled, as exemplified by comparing 21st-century Italy with the USA, where Italy has half the GDP of the USA, but a longer life expectancy at birth, 80 years compared to the USA's 77 years. This is explained by reference both to the large inequalities in the USA and to the fact that high economic development may lead to unhealthy lifestyles—low levels of exercise, increased consumption of unhealthy foods and alcohol, promoting obesity and chronic disease.

In terms of the fertility transition, decline in European fertility was gradual. The total fertility rate in Sweden and England and Wales, countries where statistics allow its estimation, was 4 and 5 respectively in 1750, reaching 3 in both countries by 1875, and falling below replacement by 1900. Here macro- and micro-factors appear to have interrelated and the process was complex and cannot be associated with one clear driver. It also varied considerably across the continent of Europe. Clearly social and economic development was also an important influence. Yet even here the relationship was not straightforward. For example, fertility fell earlier and faster in rural France than in its economically more developed industrial neighbour Britain. Demographers suggest that this was in part related to the differing ages of first marriage, which were early in eastern Europe and late in northern and western Europe, and the spread of birth control methods out from late 18th-century France across the rest of Europe during the following century. This was reflected in high levels of fertility in the east and low levels in the west, especially in France. Indeed it seems that cultural, religious, ethnic, and political affiliations were important factors as well. As the Belgian demographer Lesthaeghe pointed out, birth rates fell earlier in French-speaking rural Belgium than in the urban centres of Dutch-speaking Belgium.

While the transition in developing countries shows similarity to that experienced by European countries, there also are striking differences. The main factor has been the rapidity of the transition in the South. The European transition started from a lower level of fertility and mortality and was steady and slow. There was often only a short lag between mortality fall and fertility fall resulting in a steady increase in population of below 1 per cent per year. The less developed countries started from higher levels of mortality and fertility. These fell faster but with a longer lag between mortality fall and fertility fall and thus rapid population expansion reaching more than 2 per cent per year in recent years.

While in Europe and other advanced economies, the pace of change was dependent on new ideas and innovations, in sanitation and public health, and then in medicine, emerging and diffusing through society, in the less developed world these innovations have been transferred from the richer countries and diffused at tremendous speed. As a result mortality fell significantly in the latter half of the 20th century, and life expectancy increased by over one-third in just fifty years. While the desire to reduce disease and death is universal, the wish to reduce childbearing and thus fertility rates is more nuanced and complex. As a result, while mortality rates have fallen, built in demographic momentum plus social and cultural practices have reduced the equivalent rates in falls in childbearing—and populations have as a result expanded dramatically. It is argued that the Malthusian check on marriage in Europe which lowered the birth rate—low or never married populations—has not occurred in the countries of the South.

There is still, however, a significant difference between the populations of less developed countries of Asia and Latin America—who generally are reducing their fertility rates—and least developed countries—the majority of which are in sub-Saharan Africa—whose mortality is falling more slowly and whose fertility remains high.

In relation to developing countries there is even more questioning of the relevance of demographic transition theory. While both fertility and mortality rates are falling in many emerging economies, there are also examples of countries which are developing and yet levels of fertility remain high. Indeed it is argued by some that the high variations in countries' size, history, culture, geography, and religion are complicating the classical demographic transition seen in Europe.

However, many still argue that the demographic transition remains the central theory of modern demography, and that you cannot understand contemporary development unless you place the demographic transition at its centre. Indeed it is here that economists and demographers differ. Economists typically believe that the demographic transition is something which follows on from economic growth; demographers believe that it is a more complex process driven by socio-cultural as well as economic factors. Indeed some go as far as to suggest that the demographic transition's implications for the economy are greater than economic factors for the transition, and that the transition has played as important a role in the process of development as has economic growth.

Some demographers now argue that low-fertility countries are in the midst of a second demographic transition which is keeping fertility well below replacement. This may be due to technological advances and changes in the labour market which have altered the costs and rewards of marriage and child rearing. Others suggest it may be ideational changes which have accompanied our increased affluence, leading to a focus on individual autonomy and self-realization. In particular the evolutionary link between the sex drive and procreation has clearly been broken through the introduction of modern contraception, and now reproduction is merely a function of individual preferences and culturally determined norms.

Chapter 7
A demographer's toolbox

This chapter looks at the tools, models, methods, assumptions, and uncertainties within the practice of demography. In particular demographers need to know that they are really finding out the things they want to know and that their methods and sources of data are robust and are accurately answering their questions.

It was only in the 20th century that interest was shown in fertility, migration, and age structure, as well as mortality. The mathematics of a stable population was developed by Alfred Lotka in 1907, showing how if age-specific mortality and fertility remained constant, so a population would develop a predictable fixed age structure. The total fertility rate developed by a German demographer in the late 19th century started to gain popularity in the 1930s, and cohort fertility analysis only after the Second World War. Coale in the USA and Brass in the UK produced fertility models in the 1970s. The 1980s and 1990s saw an increasingly sophisticated adoption of mathematical models, needed to cope with the growing availability of demographic data. The Lee–Carter 1992 model for forecasting mortality, for example, introduced the ability to cope with random variability. The arrival of modern computing methods transformed the power of demographic analysis. Multivariate analysis, the statistical technique by which the relationship between several variables may be assessed, so as to measure the association between several independent and one dependent variable, became possible. Multi-state demography, the study of population movement between various different states, was developed out of traditional life tables. Rather than just birth and death being the process of loss and gain, so marriage allowed entry, divorce exit from the population of married people, for example. Probability, competing risks, and hazard functions all became part of the demographer's toolbox in the new millennium.

Measuring the main drivers: the data

It is said that demographic breadth comes from censuses, whereas demographic depth comes from surveys. There are four main sources of demographic data: census, registration records, surveys, and ethnographic material. Recently bio-markers have been added to the demographer's toolbox.

The modern census has been defined as the process of collecting, compiling, and publishing demographic, economic, and social data pertaining to all persons within a specific time and territory. Commenced originally for tax or military purposes, regular census collection did not occur until the late 18th/early 19th centuries with the USA beginning periodic censuses in 1790 and Britain and France in 1801. Today censuses are regularly carried out for over two-thirds of the world's population.

Registration systems of vital records have long been an essential source for demographers. Vital statistics are the data concerning vital events, which is defined as a change in an individual status leading to a change in the composition of the population. These include true vital events such as birth and death, and secondary vital events such as marriage, divorce, and migration. Vital registration is the official recording of such events, through birth and death certificates, and has long provided the basic information for demographic modelling. Parish records of birth, marriage, and death commenced in England in the early 16th century, and compulsory civil registration in Scandinavia in the 17th century. It was not until the 19th century that the rest of Europe and North America had similar comprehensive records.

Surveys contribute significantly to demographic analysis. As well as enabling the description of current demographic characteristics and, with longitudinal surveys, some sense of the progress of demographic change, surveys also have the ability to discover associations between demographic variables and events. Starting as early as the 19th century, Booth and Rowntree conducted surveys in England with a demographic component. The 20th century saw a burgeoning of surveys, such as the UK National Surveys of Health and Development and the US Growth of the American Family. These were joined in the later 20th century with panel surveys which reinterview the same population over time, such as the US National Fertility Survey, and longitudinal sample surveys, interviewing different but nationally representative sample populations, such as the UK General Household Survey, and the US Current Population Survey. The KAP surveys assessing Knowledge, Attitude, and Practice with regard to family planning were an important set of international surveys supported by the US Population Council established in the 1950s; though later somewhat discredited due to their stated hypothesis that the introduction of family planning measures alone was a simple and effective method of reducing fertility levels in developing countries.

Major national and international surveys such as the Demographic and Health Surveys (DHS), the World Fertility Surveys (WFS), and the Health and Retirement Surveys (HRS) are now vital to the understanding of fertility and mortality, and to a lesser extent migration. This is especially the case in the developing world, where censuses and vital registration systems are often lacking or incomplete. However, surveys may vary in their robustness, validity, and representation, and often only indicate population behaviour and characteristics at the national or regional level within a country.

It is only in recent years that demographers have come to recognize the rich demographic information available at the micro-level through ethnographic studies, participant observation methods, and interviews. These typically contribute material on family and households.

Quantifying migration is a complex task requiring the integration of different data sources. Migration analysis uses two different sources of data: statistics on the stock of migrants in a given place and statistics on the flow of immigrants and emigrants over a given time period. There are various difficulties with this. The lack of comparability between data sources restricts clear estimates of movement; many countries do not record simple cross-border movement with their neighbours, such as with the EU, or exclude these movements from national analysis. Estimates of migrants within a country require longitudinal data, and flow statistics of movement depend on sophisticated data collection systems. Such data is regarded as politically sensitive; in developed countries the magnitude is often ignored; in developing countries it may not even be collected. In addition, many of these systems are established for administrative rather than demographic purposes, and thus collect data which is inappropriate for demographic statistical analysis.

France provides an example of some of these incongruities. The French Office des Migrations Internationales (OMI) collects migration statistics. Both recent immigrants and those who have been in the country for some time are included under one heading. Similar irregularities occur in the US, which records immigrants granted the right of permanent residency on arrival with those who gain it after several years of living in the country. Neither Canada nor the US publishes emigrant statistics. Both Belgium and Germany record immigrants and emigrants as those attaining or rescinding permanent residency. And the Nordic countries apply different definitions to migrants to and from fellow Nordic countries, from those outside Scandinavia. Added to these complexities is the common decision by countries to group together other countries into subregions which are not comparable. For example, South-East Asian countries may be listed individually or as SE Asia or even 'Other Asia' to distinguish them from China and South Asia. The Americas may be listed as North, South, and Central, or linked.

A major challenge faced by demographers is the lack of reliable, robust data. A series of methods have thus been established to 'estimate' demographic data from indirect sources—for example, estimating infant and child mortality from the number of surviving children against those ever born; or adult mortality from data on widows and orphans. Other techniques will relate one set of data to another to calculate a third, such as estimating fertility rates from parity rates. Formal models have been developed to estimate complete data from partial, including Brass's logit life table system and Coale–Trussell's fertility model.

Measuring the main drivers: the methods and models

Mortality is the process whereby deaths occur in a population. The statistical study of death is viewed as the origin of demography, and the study of mortality remains one of the principle foci of the discipline. The crude death rate (CDR) is the number of deaths to members of the population in the period divided by the total period person lives lived. If we take a period of time—say the first decade of the third millennium 2000–10—we can say that for each full year that a person is alive they contribute one person-year to the total period person-years lived or PPYL. We can count up person-years in years, days per year (1/365 person-years), hours (1/8,766 person-years), or even minutes and seconds. The CDR clearly reflects the age structure of a population, as the higher the proportion of older people in a population, the higher the CDR is likely to be.

Life expectancy is the average number of additional years a person would live under certain mortality conditions. Life expectancy at birth is based on mortality conditions at all ages. The range of values for life expectancy at birth ranges from 20 in poor historical conditions to around 80 in modern advanced countries.

Increases in life expectancy, which are calculated from the average of the population under consideration, should not be confused with increases in human longevity, which refer to the maximum years lived by individual human beings.

The life table (Box 6) is a detailed description of the mortality of a population given the probability of dying and various other statistics at each age (see Table 5). A complete life table is composed of the values of various functions for persons of each age, an abridged life table uses age groups.

Box 6 The history of the life table

The life table occurs in several chapters of this book. That reflects its importance historically and currently to demography.

Until the late 19th century the main focus of formal demography was the life table, which analysed and presented mortality data. Graunt's analysis of the London Bills of Mortality in 1662, Edmond Halley's life tables based on real deaths in the city of Breslau in 1693, Milne's 1815 formalization of the calculation and presentation of the life table, and William Farr's production of the decennial series of English life tables from 1841, all contributed to the modern day life table. The United Nations started to produce model life tables constructed from partial information using a mathematical formula in the 1950s, and the Princeton Group in the 1960s. One of the most famous model life tables was published by Coale and Demeny in 1966.

Table 5 Life tables

Age	Males			Females		
x	lx	qx	ex	lx	qx	ex
0	100000	0.005976	75.958	100000	0.004835	80.585
1	99402	0.000448	75.412	99516	0.000309	79.974
2	99358	0.000252	74.445	99486	0.000214	78.999
3	99333	0.000173	73.464	99464	0.000161	78.016
4	99316	0.000145	72.476	99448	0.000132	77.028
5	99301	0.000132	71.487	99435	0.000117	76.038
6	99288	0.000122	70.496	99424	0.000108	75.047
7	99276	0.000116	69.505	99413	0.000103	74.055
8	99264	0.000113	68.513	99403	9.92E-05	73.063
9	99253	0.000114	67.521	99393	9.81E-05	72.070
10	99242	0.000118	66.528	99383	9.84E-05	71.077
11	99230	0.000128	65.536	99373	9.96E-05	70.084
12	99217	0.000145	64.544	99363	0.000102	69.091
13	99203	0.00017	63.554	99353	0.000108	68.098
14	99186	0.00021	62.564	99343	0.000126	67.105
15	99165	0.000274	61.577	99330	0.00016	66.114
16	99138	0.000375	60.594	99314	0.000215	65.124
17	99101	0.000524	59.617	99293	0.000266	64.138
18	99049	0.000665	58.648	99266	0.000281	63.155
19	98983	0.00076	57.686	99239	0.000284	62.173
20	98908	0.000783	56.730	99210	0.000287	61.190

lx are the number of survivors to age x of 100,000 live births of the same sex for a given country who subsequently experience mortality similar to that of the population of that sex, in that country in 2000–2.

dx are the number dying between age x and $(x+1)$, described similarly to lx, that is $lx - lx+1$.

qx is the initial mortality rate between age x and $(x+1)$, that is, dx / lx.

ex is the average expectation of life, the average number of years that those aged x will live thereafter.

The basis of the life table is a set of probabilities of dying which gives the proportion of individuals alive at age x who die before reaching age $x+n$. Given this set of probabilities a second set of values is presented for the probability of survival from birth to each age. Life expectancy from birth or additional life expectancy from age x is also often given.

A life table may be built on complete empirical data, that is there is information for all ages on deaths and the population at risk of death. Often, however, life tables have to be constructed from partial information, using a mathematical formula. These are then termed model life tables. Model life tables are also used to supply standard assumptions used in population projections and to reconstruct rates from historical counts of births and deaths.

Fertility is the childbearing performance of individuals, couples, groups, or populations. It is sometimes confused with fecundity, the biological capacity to reproduce, which may or may not lead to childbearing. A main measure of fertility in a population is the crude birth rate (CBR), which is the number of births to members of the population in the period divided by the total period person lives lived. This is usually expressed as the number of births per 1,000 population over a year. The CBR clearly reflects the age and sex structure of a population, as populations with a large proportion of young women in it are likely to have a higher CBR than those with a low number.

The total fertility rate (TFR) is a second important measure. Generally described, TFR is the number of live children born to women of childbearing age. In technical terms the TFR of a population is the average number of children that would be born to a woman over her lifetime if she were to experience the exact current age-specific fertility rates across her lifetime, and if she were to survive to the end of her reproductive life.

The number of live births that a woman has is known as her parity, which is derived from the Latin *parens*, meaning parent. A woman at parity 1 has had one child, at parity 2, two children, and so on. A nulliparous has not borne a child. The parity of a birth cohort of women who have completed their childbearing can thus be calculated by adding up the parity of each woman and dividing by the number of women.

Tempo refers to the timing of births, quantum to the lifetime number of births. Recent falls in childbearing reflect a change in tempo—particularly women delaying the age at which they have their first birth, and the spacing of subsequent births, as well as in quantum—the actual number of births completed. Demographers also distinguish between spacing behaviour, when parents undertake behaviours such as contraception in order to space out their children, and stopping behaviours, when contraception or sterilization may be used to prevent any subsequent births. Proximate determinants of fertility are biological and behavioural factors which directly influence fertility, and through which social, economic, and other factors come to influence childbearing. The alternative term 'intermediate fertility variables' is also sometimes used. These include contraception and marriage, for example (Box 7).

Box 7 Bongaarts' decomposition

Bongaarts' decomposition quantifies the impact of the four main proximate determinants of fertility variation.

1. Proportion of women married
2. Contraceptive use and effectiveness
3. Induced abortion
4. Post-partum infecundability—or the period post-birth of non-susceptibility to conception.

These four may account for up to 96 per cent of fertility change in some populations.

The study of the frequency, dissolution, and characteristics of marriages or formal sexual unions within a population is termed 'nuptiality'. Nowadays these include consensual union—a stable union without recorded legal sanction, referred to as customary marriage, common law marriage, or companionate marriage. Increasingly all such sexual unions are termed conjugal unions. The close link between nuptiality and fertility makes it an important component of demographic analysis. Crude marriage rate refers to the number of marriages within a population; the age-specific rate allows more detailed analysis and may be represented through a Nuptiality Table.

Contraception is action taken by sexually active couples to prevent conception. This may be to cease, limit, or space out childbearing. Most societies use forms of contraception, including abstinence and breast feeding. Particular interest is on the unmet need for modern forms of contraception or family planning. This is defined as the proportion of women aged 15–49 in a sexual partnership wanting to postpone or avoid childbearing who are not using any method of contraception. As a population measure it must be recorded along with desired family size, which may be large or smaller than the current total fertility rate.

Migration studies distinguish between within country moves, which may be rural to urban, urban to urban, or rural to rural, and in advanced economies a small number of urban to rural moves, and international migration which crosses country and regional boundaries. Some researchers argue that due to the fragmentary nature of the available statistics and impermanence of trends, there is little value in developing complex statistical models of migration.

The basic calculation on migration is for the immigration rate:

$$IR = I / P \times k$$

where I is number of migrants, P is the population of the country or designated area, k is a constant, often 1,000.

For outmigration:

$$OR = O / P \times k$$

and the rate of net migration is:

$$NR = I - O / P \times k.$$

Methodologically simple matrices are used to project such moves, while more complex models such as random walks, which use the mathematics of Brownian Motion, enable the demonstration of migration patterns. It is further possible to combine a random walk model for dispersion with a logistic model for growth. When these are combined population growth is seen to respond to density, and we typically see large populations in the centre of an area reduce their growth, while dispersed peripheral populations continue to increase. One such application of this, for example, modelled the movement of people following the Neolithic transition in Europe.

Considerable movement to urban areas over the past few centuries has led to the growth of large urban agglomerations and these

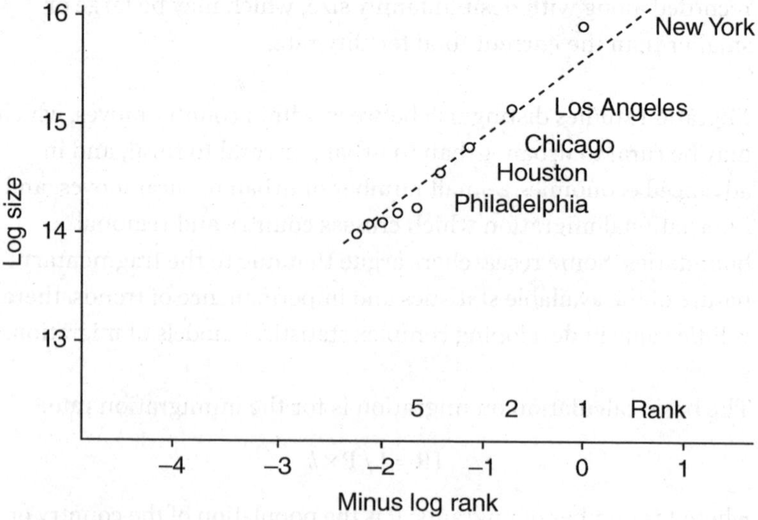

4. Rank-size plot for US cities, 2010.

may be studied using rank-size plotting. These are useful tools for identifying laws determining certain characteristics of cities, such as size. Figure 4 ranks the most populous cities in the USA, plotting minus the logarithm of the rank on the horizontal axis and the logarithm of the population count on the vertical axis. This is a power-law distribution where there are a few sizes much larger than the rest, which account for a large share of the total size. In this case a small proportion of cities accounts for a high percentage of all US urban residents. Such power laws are found in many other areas, including astronomy, in terms of masses in each galaxy, and economics where a few people own a large proportion of all wealth.

Demographers are also interested in the interrelationships between the main drivers; for example, the relationship between migration and fertility rates. Sex-selective migration will tend to separate men and women, reducing opportunities for childbearing in both the host and sending area. Women's childbearing may be disrupted by their own migration, though there is some evidence that fertility increases among recently immigrant women who take the opportunity to have children in the light of new opportunities for health, welfare, and education within the host area.

Chapter 8
Population pyramids and projections

A key concept within demography is the population pyramid. The age pyramid comprises a pair of bar graphs joined in the centre and traditionally resembling an Egyptian pyramid. The vertical axis records age, with young at the base and old at the top, and the bars coming off the axis to the right represent females and to the left males. The age pyramid thus represents the distribution of a population by age and sex (see Figure 5). Many modern age pyramids now resemble either a skyscraper or even a vase, as their populations have reduced their childbearing and increased their life expectancies.

Population change is expressed in the balancing equation. It may be formulated as

$$P_2 = P_1 + B - D + I - E$$

where P_2 and P_1 are population size at two different dates, B is births, D is deaths, I is inmigrants, and E is outmigrants.

While this equation may be used for countries or regions, the world population is a closed population, entering by birth and leaving by death—with currently no migration on or off the planet. The equation for a closed population is:

$$P(t+n) = P(t) + B(t) - D(t)$$

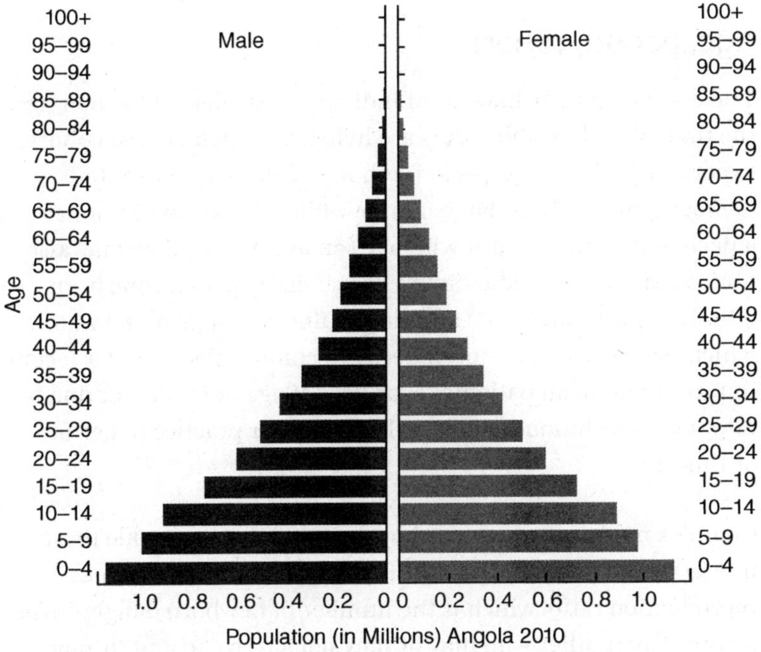

5. Population pyramid, Angola 2010.

Where *P(t)* is the size of the population at time *t*, *n* is the length of a time period, *B(t)* is births at time *t*, and *D(t)* is deaths at time *t*.

Some demographers prefer to use *K* to denote population as *P* can be confused with the notation for probability. So you may see these equations stated as

$$K_2 = K_1 + B - D + I - E$$
$$K(t+n) = K(t) + B(t) - D(t)$$

The balancing equation for the change in world population from 2013 to 2014 is

$$P(2013) + B(2013) - D(2013) = P(2014)$$
$$6{,}851 + 140 - 57 = 6{,}934$$

Age, period, cohort

The demographic behaviour of individuals is affected by their age, the time period in which they are living, and their shared cohort experience. These age-period-cohort effects are central to demographic analysis. For example while dentists might notice a decline in dental health with age (an age effect), they may also notice a significant reduction in dental decay in everyone born after the 1960s due to the addition of fluoride in drinking water, which protects against tooth decay (a cohort effect), and a recent improvement of all patients regardless of age or birth year due to new dental techniques now available in their practice (a period or time effect).

Complex models are now used by demographers to tackle these interactions. These include fertility measures such as the net reproduction ratio, which is the number of newborn daughters per prospective mother who may or may not survive to and through childbearing, the cohort age-specific fertility rate, which is the number of children borne by women in the cohort between the ages x and $x+n$ per person-year lived, and period age-specific fertility rate, which substitutes the cohort person-years lived above with the count of babies born in the period under question.

One of the first of these was the Coale–Trussell fertility model developed in the 1970s, which is still widely used to detect the use of parity-specific birth control, in other words birth control in relation to the number of children already born to a mother. This is an example of a model which works well with historical data, but appears to have less relevance for the complexity of modern contraceptive decisions. For example, the model assumes that women have higher parity, or a higher number of children, as they get older. However, in contemporary advanced economies, such as North America or Europe, where we see a significant delaying of marriage and first childbirth by many women, we find high use of contraception, low parity but high fertility for women over 35. The emphasis for those studying fertility in these modern societies has been to focus not only on number of children in relation to contraceptive use, but also child-spacing as a form of family limitation.

In terms of mortality, the Lexis diagram represents both the life lines to death for individuals and for specific cohorts. We can also introduce measures of survival and probabilities of dying as a function of age for the cohort in question. We can also introduce growth rates and hazard rates—hazard rates measuring the chance of death occurring at each age or time period. One of the most famous of these formulae is the Gompertz model (see Chapter 4) which models the hazard function—or probability of dying—as a person ages. It was first described by the English actuary Benjamin Gompertz in 1825 to provide a model for the age-specific mortality rates he was observing. Again, modern complex mortality modelling is now undertaken. For example, the Lee–Carter model includes age-specific death rates and introduces random variability, treating the parameter of time as a time series, incorporating past fluctuations as indicators of the range of uncertainty about the future.

Age structure

It has been known for a long time that the demographic drivers of fertility, mortality, and migration will affect the age distribution of a population. In 1760 Euler developed the concept of the stable population. This idea was explored fully in 1907 by Alfred Lotka. Both identified the fact that if mortality and fertility remain constant for any length of time within a closed population, that is one without in- or outmigration, then a fixed age structure will arise, which is independent of the initial age structure. A stable population in terms of its age structure may be increasing or decreasing all the while its age structure remains fixed. If, however, there is no growth or decline, this is termed a stationary population.

We may explore how the three drivers independently affect age structure. A change in the level of childbearing, for example, will affect the youngest age groups, but will then work its way through to affect older ages as well. Falling fertility narrows the base of the population pyramid as births fall. A baby boom followed by a baby bust may create an early bulge which is clear within the pyramid until the baby boom cohort reaches very old age. The pyramid for the UK in the 20th century clearly shows the 1946 baby boom and then the slow decline until 1957 when births slowly started increasing, culminating in the UK's mini baby boom in the early 1960s (see Figure 6). As we move through the subsequent decades in the figure we can see the baby boom affecting the number of those of young working age in the 1970s and 1980s, and approaching retirement ages in the 2020s. The pyramid will also be affected by mortality rates as a decrease in lifetime death

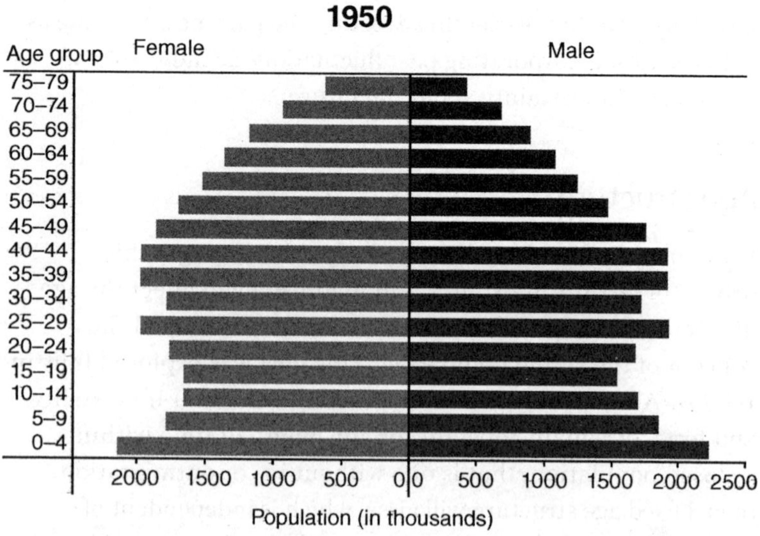

6. UK population pyramid, 1950.

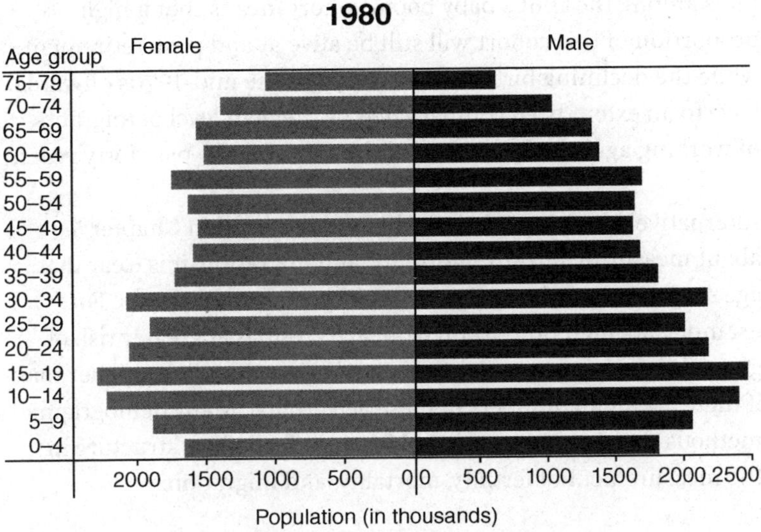

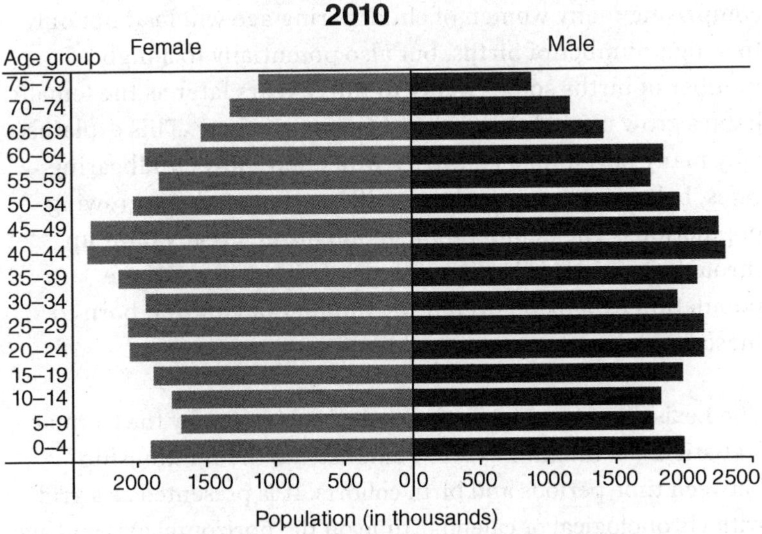

6. (continued) UK population pyramids, 1980 and 2010.

rates among the 1960s baby boom cohort means that a high proportion of this cohort will still be alive at and post-retirement, while the declining births in the UK from the mid-1970s onwards have to an extent been compensated by the high level of migrants of working age who have entered the UK over the past forty years.

Alternatively, bearing in mind what we discussed in Chapter 5 about measuring fertility, mortality, and migration, it is clear that age structure itself has a significant impact on vital events. For example, if a high proportion of an age group is at greater risk of giving birth, dying, or moving, then these events will be higher than if there are small numbers in these age groups. Many demographic methods thus attempt to control for the effect of age structure in the measurement of fertility, mortality, and migration.

In terms of population dynamics, a young age structure comprising many women of childbearing age will lead not only to a high number of births, but also potentially to a high number of births some twenty to thirty years later as the female babies grow up and themselves become mothers. This explains why many developing countries which have low childbearing rates, below replacement level, will continue to have growing populations. The demographic momentum already built up through the birth of large numbers of girls will continue population expansion even if the number of children born to these future mothers remains low.

The Lexis diagram (Figure 7) was devised in 1875 by the German statistician Wilhelm Lexis to demonstrate the relationship between time periods and birth cohorts. It is presented as a grid with chronological or calendar time on the horizontal axis and age on the vertical, with diagonal lines running at a 45-degree angle up from the horizontal axis separating each cohort. Originally these lines actually ran downwards. Each line represents one person starting at the person's date of birth and age at birth (0). The lines go up at 45 degrees because the slope then equals 1,

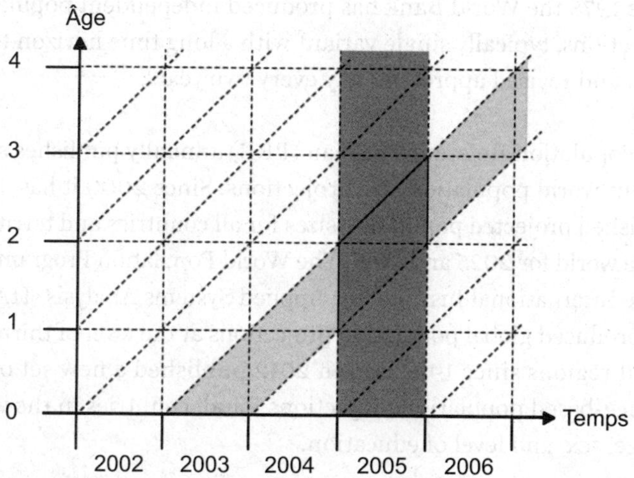

7. Lexis diagram.

and people age one year in every one calendar year. Each life line continues up until the age of the person's death is reached. By drawing a line at a specific time point the number of lives crossed equals the number alive at that time point and thus the total population number.

Population projections

The first modern global population projection was carried out in 1945 by Notestein of the Princeton Office of Population Research, using the cohort component method which explicitly considered the age and sex structure of the population.

Since 1958 the UN has published sets of estimates and projections for all countries since 1958. Before 1978 these projections were revised approximately every five years, and every two years since then. Recent UN assessments have a time horizon to 2050. At irregular intervals the UN World Population Prospects Series also publishes long-term population projections with time horizons from 2150 to 2300.

Since 1978 the World Bank has produced independent population projections, typically single variant with a long time horizon to 2150, and revised approximately every two years.

The Population Reference Bureau (PRB) annually publishes single variant world population size projections. Since 2000 it has published projected population sizes for all countries and territories of the world for 2025 and 2050.The World Population Programme of the International Institute for Applied Systems Analysis (IIASA) has produced global population projections at the level of thirteen world regions since 1994 and in 2012 published a new set of science-based population projections for all countries in the world by age, sex, and level of education.

Projection methods

Demographic projections aim to foresee population futures. These are based on assumptions about future vital statistics and on formulae to execute the calculations. There is a distinction between a projection and a forecast. Forecasts entail an element of prediction. Basic population projections focus on sex and age as the main divisions of a population. The main tools for projecting a population forward by these variables are tables called Leslie matrices after P. J. Leslie, who published a description of them in 1945. Leslie matrices are transition models which combine the effects of fertility and mortality to produce population change. The states correspond to age groups, and the process of transition is surviving and giving birth. The population is projected forward one step at a time.

The most widely used methodology for projections is component methods. In these each of the components of change—births, deaths, migration—is estimated. If each age group is also estimated cohort-component methods are used. More recently a variety of sophisticated multi-state models have been developed to make population predictions more robust. However, no matter how sophisticated the models become, they are still reliant on assumptions about future fertility, mortality, and migration. It is widely recognized that while the statistical models are now highly sophisticated, the theoretical basis of the understanding of demographic dynamics still requires greater predictive power.

The Leslie matrix is a table with rows and columns showing the expected number of individuals who start in the age group with the label on the column, and move diagonally through to the age group with the label on the row. The first row contains factors which reflect the level of fertility and survival; the principal subdiagonal contains survivorship ratios reflecting the chances of survival from one age group to another. Before data is fed into the matrix, logical zeros are inserted. For example, in Table 6 there will be no babies born to those age 0–5 so the element is 0. More complex versions of the simple Leslie matrix involve continuous age and time. Projection in continuous time is called population renewal and involves the notion that past babies are current mothers who will provide future babies (Box 8). The survival component in such complex models involves multi-state tables which include not just alive and dead but also states of illness and disability. Individuals thus enter, exit, and re-enter and re-exit certain states.

Table 6 Leslie matrix

	0 to 5	**5 to 10**	**10 to 15**	**15 to 20**	**20 to 25**
0 to 5	kids	kids	kids	kids	kids
5 to 10	survivors	0	0	0	0
10 to 15	0	survivors	0	0	0
15 to 20	0	0	survivors	0	0
20 to 25	0	0	0	survivors	0

Box 8 Renewal equation

'The decisions each of us, and the rest of humans like us, make about marriage, parenthood, and survival promoting behaviours will create the elements of the Leslie matrices of the future, write the scripts for the march of the cohorts up the world's Lexis diagram, and empower the Renewal Equation to do its work' (K. W. Wachter).

The renewal of a population occurs as newly born individuals replace those who have recently died. With current longevity rates it takes just over one century for the world population to be completely renewed.

The process may be expressed by the renewal equation:

$$B(t) = beta/alpha\ B\ (t-a)\ l(a)\ m(a)\ da + G(t)$$

This states that births at time *t*, *B(t)*, are determined by the summation from the lower and upper limits of the reproductive ages *alpha to beta* of the births *a* years which have been previously multiplied by the probability of these individuals surviving *l(a)* and the probability of them giving birth *m(a)* in the interval from *a* to *a + da*. In addition births already born to women need to be counted *G(t)*.

Chapter 9
Sub-disciplines arise

While most of the social science disciplines deal with people, some have developed a specific interest in demographic analysis and demographic theories, and these have been formalized into sub-disciplines of demography. In many cases they represent a merging of an area within the main discipline with demography. While many of the following can be recognized as distinct sub-disciplines, often with their own professional organizations and/or academic journal, it may also be argued that the divisions are imposed and even arbitrary. Studies in spatial demography, social demography, and population studies are often hard to distinguish; new complexities in bio-demography and genetics increasingly need the sophisticated modelling found in mathematical demography; and family behaviours such as household formation, marriage, divorce, and intergenerational transfers explored by economic demographers are sometimes indistinguishable from similar studies in family demography. In many cases it is a matter of where you publish, which society you belong to, and which annual meeting you attend, which places an academic's work within the sub-discipline. Despite these caveats, the general discipline of demography has been greatly enhanced by these new initiatives and forays into new methodological and theoretical territories which have occurred over the past few decades.

Anthropological demography

Anthropological demography uses anthropological theory and methods to provide a better understanding of demographic phenomena. It reflects a merger between social anthropology and demography, and while technically it is restricted to demographic studies of fertility, mortality, and migration in small human communities, in practice it addresses demographic processes in general. The intersection of two disciplines with contrasting methodologies is viewed as a positive interaction, combining interest in the dynamic forces defining population size and structure and their variation across time and space, with anthropology's focus on the social organization shaping the production and reproduction of human populations. The approach combines quantitative and qualitative methodologies applied to case studies, drawing both on ethnographic fieldwork and participant observation and on the interpretative reading of secondary data and historical material.

Academic papers defined as anthropological demography have appeared in demographic and anthropological journals since the 1980s, and Anthropological Demography sessions have been held since the 1990s in professional population meetings. Indeed the author of this VSI was faced with a choice at the 1995 Population Association of America meeting in San Francisco between attending anthropological demography sessions and demographic anthropology sessions held in opposing rooms along the same corridor, the first championed by demographers interested in anthropology, the second by anthropologists interested in demography.

Perspectives from anthropological demography provided important input into the European Fertility Project, bringing an understanding of the importance of cultural settings on fertility decline which was independent of socio-economic factors, and incorporating aspects of cultural and ideational change into the demographic transition theory.

Bio-demography

Bio-demography may be seen as a convergence of demography, evolutionary biology, and genetics. It typically involves the collection and modelling of biological indicators in conjunction with sample surveys and longitudinal studies. It is argued that conventional demographic data combined with genotype data will elucidate gene–environment interactions. For example, human population samples with sufficient representation among the oldest old should allow the identification of alleles concentrated among centenarians. Similarly, existing understanding about the inheritability of components of mortality risk and survival in terms of age-specific gradients will be greatly enhanced through mathematical formulae describing genetic influences shaped by evolution.

The development of bio-demography was directly encouraged by the Behavioral and Social Research Division of the US National Institute on Aging (NIA) under the leadership of Richard Suzman. In particular the 1997 volume *Between Zeus and the Salmon* is a landmark collection of early work in this area. Parallel work on the bio-demography of fertility and family is reflected in *Offspring* published in 2003, sponsored by the US National Institute of Child Health and Human Development.

Researchers argue that novel research in bio-demography has challenged classical formulations of the evolutionary theory of longevity, both through experimental and observational data and through mathematical and theoretical developments. Demographic perspectives have influenced research strategies for those biologists who have come to recognize the value of large population studies for generating life table estimates, along with the need for comparative formal modelling. Demographers introduced to the evolutionary theory of longevity have developed collaborations with anthropologists to rethink assumptions about the evolutionary environment in which genetic and biological determinants of age-specific vital rates have been shaped. Without doubt the coming role of genome science promises further transformations and challenges in this new sub-discipline.

Economic demography or population economics

Economic demography, demographic economics, or population economics may be defined as a branch of demographic research which addresses the relationship between population and economics. It is the application of economic analysis to the study of human populations, including size, growth, density, distribution, and vital statistics. While many see it as complementing labour economics, researchers within this sub-discipline also consider broad issues such as population growth and economic development, the economic consequences of ageing populations with their changing dependency ratios, and the importance of economic factors in determining rates of fertility, mortality, and migration within populations. Micro-level topics examine individual, household, or family behaviour, including household formation, marriage, divorce, fertility choices, education, labour supply, migration, health, risky behaviour, and ageing. Macro-level investigations may address such issues as population and economic growth, the impact of population on the distribution of income and wealth, population policy, savings and pensions, social security, housing, and health care.

Bernard van Praag was the founding president of the European Society for Population Economics (ESPE), in 1986, which was created in order to consider theoretical and applied research focusing on the role played by human capital and demographic variables in economics. He was also co-editor of the *Journal for Population Economics* and the *Journal of Health Economics*, an international quarterly that publishes original theoretical and applied research in all areas of population economics.

Family demography

The main concern of family demographers is the family and household, with a focus on kin living in co-resident groups. The sub-discipline aims to place sociocultural research at the centre of population dynamics, recognizing that human societies control reproduction, and that an understanding of childhood, marital and parent–child relations, and the dynamics of co-residence are of importance. It is thus argued that three dimensions characterize the family. First is the conjugal, the formation and dissolution of marital unions. Second is the consanguineal, the relationship between parents and children. Third is the residential, with the simplest pattern being the nuclear family—a combination of conjugal and consanguineal, or parents and children, and a more complex arrangement of households comprising groups, or kin living together, termed co-residence.

The IUSSP established a Scientific Committee on Family Demography and the Life Cycle in 1982 with a mandate to promote research in the area. Some see this as the formal beginning of the sub-discipline. At that time the main areas of research focused on measurement and estimation of household composition and family structures, the family life cycle, kin models, multi-state life tables, and household projection. Today family demography draws upon large individual-level census data suitable for comparative study of family and household composition, and a diverse range of macro- and micro-level research topics are included in the approach ranging from multi-generational households, children and media use, to 'grey divorce'.

Historical demography

Historical demography is defined as the study of the size and structure of past populations, the components of population change—fertility, mortality, and migration—and the factors that influenced them. Technically it refers to all past populations; however, the study of prehistorical populations more generally falls under the sub-discipline of palaeodemography.

It is the type of source material which gives the sub-discipline its particular challenge and uniqueness within demography. Generally unable to work with census and vital statistics, historical demography relies on sources such as parish records and nominative listings drawn up for reasons other than the enumeration of the population. Parish registers, for example, do not collect births and deaths, but record baptisms and burials; historical listings were for tax purposes or military service.

Consequently, historical demographers have developed their own special methodologies. Principal of these is family reconstitution, a form of record linkage which reorganizes the information in parish registers into family histories enabling standard demographic measures to be calculated. Developed in France in the 1950s, the researcher locates information pertaining to one couple-union or marriage such as date of marriage, dates of birth and death of spouses and of children, etc. In this manner it is possible to reconstruct entire extended families (see Figure 8). Some demographers restrict the term *historical demography* to this micro-demographic approach.

It is widely recognized that the French method of family reconstitution using parish registers owes much to the economic historian Pierre Goubert and the formal demographer Louis Henry. Henry in particular wanted to determine levels and schedules of what he called 'natural fertility', before deliberate control of childbearing within marriage came to be practised. This has been seen as an important moment in the history of population research as family reconstitution made it possible for historians and demographers to work together to undertake cohort analyses.

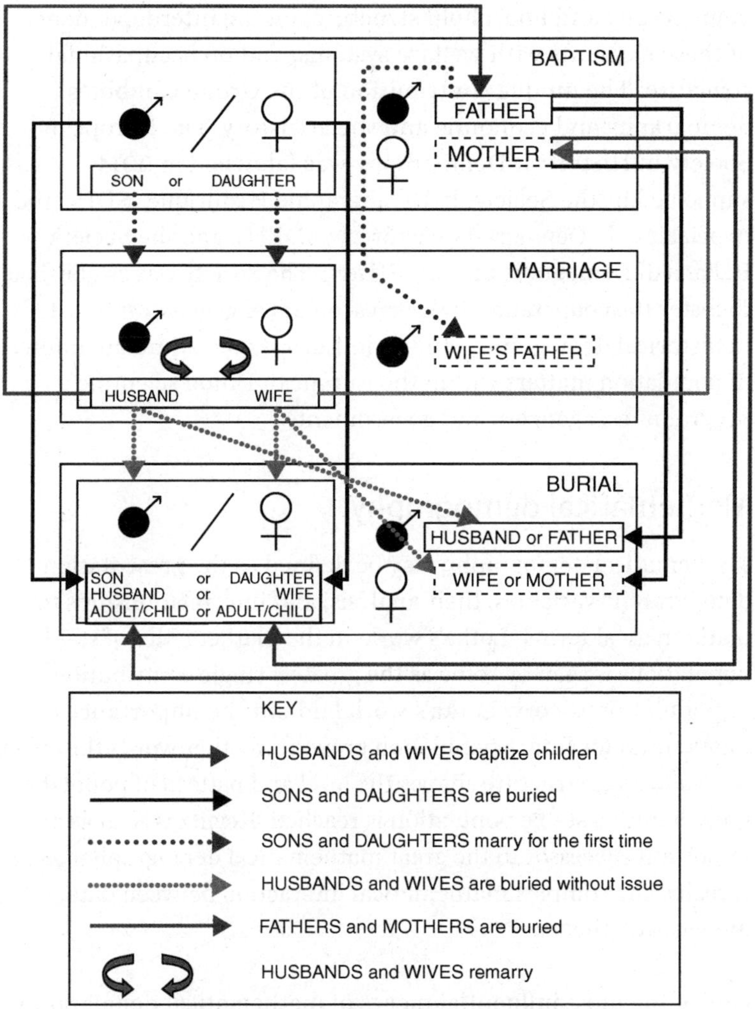

8. Example of a family reconstitution form.

The first official organization of historical demographers was the International Commission of Historical Demography (ICHD), founded in 1960. The Cambridge Group for the History of Population and Social Structure was founded in 1964 and is regarded as making discipline-transforming contributions to social science history. These include work on historical demography and household structure, on the interdependence of these elements with welfare systems, and on occupational structure. The unique contribution of the Group combines demography and economic and social history. The European Society of Historical Demography was launched in 2014 supported by the Société de Démographie Historique (SDH), the Asociación de Demografía Histórica (ADEH), and the Società Italiana di Demografia Storica (SIDeS). The Society was established to foster the cooperation between scholars engaged or interested in historical demography studies in Europe, and stimulate interest in population matters within the European Union scientific programmes, agencies, and governments.

Mathematical demography

Mathematical demography may be defined as the presentation of demographic variables, their analysis, and interrelationships in mathematical terms. Lotka's work on the mathematics of stable populations is seen by some as the greatest single contribution to population theory. Lotka's work laid out the importance of momentum for future population growth. In other words the effect of a young age structure shapes the level and pattern of population growth until a stable population is reached. Keyfitz is seen as an important successor to the great mathematical demographer as he revealed the complex mathematical interaction between data, models, and theory.

One of the most influential pieces of mathematical demography remains the classic 1925 article 'On the True Rate of Natural Increase'. Here Lotka and Louis Dublin showed that the surplus of births over deaths in the resident American population was an artefact of a disproportionately large number of men and women in the peak ages for reproduction. The age distribution was itself the result of high rates of immigration. If the population of the United States were 'stable'—closed to migration in or out and subject to its current schedule of age-specific birth and death rates—then it would settle down to an unchanging age distribution and a characteristic low rate of increase. Lotka cautioned that Americans ought to be concerned about a declining population.

Nathan Keyfitz (1913–2010) made fundamental and highly influential contributions to demography over a long and productive career. His work was characterized by an elegance of approach and a depth of insight that came from a deep recognition of the interplay among models, data, and interpretation. A symposium, marking the 100th anniversary of his birth, will bring together a diverse set of scientists studying, to use Keyfitz's term, the mathematics of population. The main goal of the symposium is to serve as a forum for presentation of ongoing research on the mathematics of population. The programme will encompass research on human and non-human populations, and both theoretical and applied research.

Palaeodemography

Palaeodemography focuses on studies of the prehistoric patterns of human population growth and structure, including life expectancy, mortality rates at different ages, and general health and well-being indicators. Closely related to archaeology and physical anthropology, it relies on non-written sources including human and archaeological remains. Scholars describe their discipline as an estimation of the prehistoric population rather than an exact science. Burial grounds are rarely representative of the population as a whole, particularly as in many cases extended families, status groups, or age groups were all buried separately. In addition cause of death—warfare, accident, or disease—often remains the most identifiable marker on the skeleton, obscuring other diseases or signs of general good health.

Two areas of particular interest are the estimation of age and of disease and cause of death. The study of diseases in past populations is called palaeopathology. Age estimation comes from individual skeletons based on the most reliable markers of age, such as dental development and closure of joint connections. The discipline has now compiled a large human skeletal database against which individual measurements may be compared. Diet, health, and climate can significantly affect such measurements, making the determination of adult ages very difficult. While some diseases can be identified from individual skeletons by dental or bony lesions which indicate slowness of growth relating to biological stress, such as malnutrition, many diseases do not leave markers on bone, or only appear after the disease has reached an extremely advanced stage. Damage to the skeleton may be due to accidents or battles, and adverse working conditions also leave their mark on the bone.

However, new methodological advances are showing promising results. For example, the identification of microbial DNA in human bone has been used to recognize the presence of pathogens indicating the presence of disease. Similarly, analysis of stable isotopes in human bone have enabled researchers to identify the locations where an individual was born and spent both their childhood and adulthood.

A key set of studies of interest to wider demography is Jean-Pierre Bocquet-Appel's work on the evidence for a Neolithic demographic transition based on the spatial temporal distribution of archaeological sites. The findings have been used to demonstrate the presence, expansion, and contraction of modern humans and Neanderthals in prehistoric Europe and to determine the density of these hunter-gatherers in relation to technical and climatic conditions.

Population geography or spatial demography

Demographers and geographers have worked together in recent time to develop models to explore the relationships between space, location, and movement of people. However, some argue that the origins of spatial thinking and analysis in demographic research can be traced back to at least the period of *la statistique morale* in early 19th-century France. These studies have traditionally focused on topics such as migration, urbanization, and rural depopulation, but also increasingly make use not only of demographic data, but also of social and economic measures of wealth, access to social and economic capital, inequalities, etc. in relation to spatial distribution. Many contemporary surveys, such as the Demographic and Health Surveys (DHS), the World Fertility Surveys (WFS), and the Multiple Indicator Cluster Surveys (MICS), now include spatial data.

These studies have been greatly enhanced in recent decades by the use of sophisticated computerized geographical information systems, or GIS. Satellite-based global positioning systems now allow users to plot coordinates for locations across the globe, while Google Earth, and its more sophisticated cousin Digital Earth, enables population statistics to be linked to other quantitative data with a visual representation of the space. Indeed it is these new technological developments which are driving current progress in the sub-discipline. New data formats will be tagged with both a geographic location and a time stamp, thus providing unparalleled spatial and temporal precision. A new generation of activity space studies are being developed which harness technologies such as accelerometers, GPS, and smart phones to continuously monitor people in places. Spatial demographers argue that such technological developments, as well as new spatio-temporal precision, have enormous potential to improve our functional understanding of human spatial behaviour, and to contribute to new ways of thinking about relative and absolute utilization of space. Researchers harnessing this exciting new technology are now challenged by the need to identify those research priorities which will best advance the applicability of spatial demography to pressing societal concerns. New research questions in the field thus address issues such as teenage pregnancy in the USA, child mortality in Accra (Ghana), segregation and health in Boston (Mass.), migration and rural livelihoods in Madagascar, and demographic correlates of crime in Chicago (Ill.). The *Journal of Spatial Demography* was launched in 2013.

Population studies

Population studies is an interdisciplinary area of study typically attracting those with backgrounds in demography, epidemiology, sociology, economics, population geography, anthropology, public health, and public policy. Broadly speaking it addresses the interaction of social, economic, and demographic variables. It is thus an extension of the conventional study of fertility, mortality, and migration. Major areas studied include broad population dynamics; fertility and family dynamics; health; ageing, longevity and mortality; socio-economic variation and inequality; migration; human capital and labour markets.

The Population Association of America was established in 1930 as a scientific, professional organization to promote the improvement, advancement, and progress through research of problems related to human populations. The US Association of Population Centers (APC) was founded in 1991 as an independent group of universities and research groups whose mission is to foster collaborative demographic research and data sharing, translate basic population research for public policy decision makers, and provide educational and training opportunities in population studies. Currently, over forty academic and private research institutions belong to the APC, undertaking a variety of research into such topics as retirement, minorities, health, ageing, migration, families, fertility, mortality, and population forecasting.

Social demography

Social demography explores the interaction of population and society, and may be seen as a merger between sociology and demography. It is suggested that the term social demography was first used in a 1963 paper by the American demographer Kingsley Davis. University courses in social demography commenced in the 1960s in the USA and the first textbook titled *Social Demography* was published in 1970, with a 1975 meeting at the University of Wisconsin claiming to be the first social demography conference.

Initial interest focused on topics such as residential segregation, unemployment, and income gaps between status groups. The Chicago School of Sociology used demographic data to support sociological claims of urban growth and population distribution by socio-economic status. Some researchers argue that it is closely akin to population studies, in part due to the influence of American sociologists Hauser and Duncan, who codified the connection of sociology and demography in their 1950s work *Population Studies*. Others argue that it has a clear aim involving a three-way approach—data collection and descriptive interpretation; theory development and model testing; and contextual analysis (Box 9).

Researchers using demographic variables and techniques to study such societal issues as ageing populations, inequality in mortality rates, and differential fertility patterns may be classified as social demographers.

Box 9 What is the difference between demography and population studies?

In many contemporary analyses the boundaries between demography and population studies are now increasingly blurred as demographers recognize the complex interactions between social, economic, and demographic variables. The difference is that while fertility, mortality, and migration are the focus of classical demography, within population studies they are 'downstream' of social and economic variables.

Chapter 10
Population policies and future challenges

Most countries in the world have implicit population policies, in that they recognize that some of their policies will have indirect demographic outcomes. Far fewer have direct population policies which explicitly aim to modify a demographic outcome (see Figure 9). In general terms population policies are those policies which aim to modify the growth rate, composition, or distribution of a population. The United Nations defines population policies as actions taken explicitly or implicitly by public authorities in order to prevent, delay, or address imbalances between demographic changes, on the one hand, and social, economic, or political goals, on the other. This includes both the intentions and objectives with respect to selected population parameters, and legal and programmatic measures adopted to influence such parameters. Within this category the UN identifies policies addressing such issues as population growth, including fertility rates and particularly fertility rates among adolescent girls, policies influencing the size of the working age population, and the health-related issues of life expectancy at birth, under-5 mortality, and maternal mortality. Other health issues are not typically regarded as population issues. In 2013 the issue of the level of violence against women was also added. Population policies thus address the development consequences of population dynamics before they unfold by adopting forwarding-looking and proactive policies based on foreseeable demographic trends.

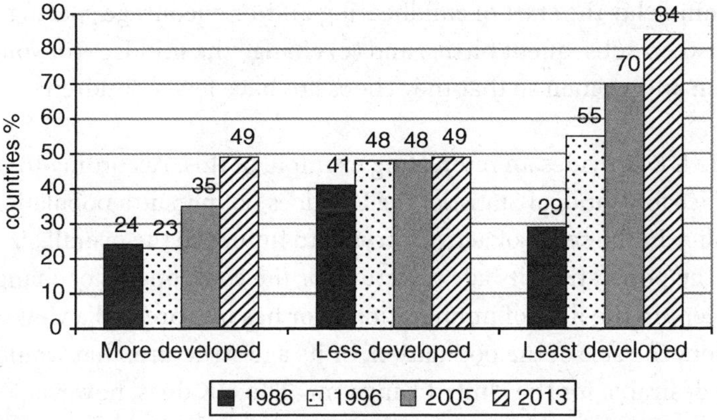

9. Governments with policies to influence the rate of population growth.

A population policy may thus aim to modify the growth rate, composition, or distribution of a national or sub-national population. These might be introduced if government felt that the population was growing or shrinking too fast, for example. A government might feel that the population had an unbalanced age structure—with too many or too few children, for example—or that its population was unevenly distributed across the nation, to the detriment of some areas which were either over- or underpopulated.

In practice population policies can be explicit or implicit. An explicit population policy is government action which explicitly aims at modifying a demographic outcome. This might be the imposition of a cap on immigration, subsidized family planning services, or a direct ban on couples having more than one or two children. An implicit population policy is government action which does not explicitly aim at modifying the population, but is understood to have a predictable demographic outcome. These might include, for example, introducing compulsory secondary education, which would (a) increase the average age of marriage and thus typically reduce age at first childbirth, (b) give women the skills they need to enter the economic labour market, and thus again delay the start of childbearing and/or encourage spacing between subsequent births, and (c) change the mindsets of young men and women so that they choose to have fewer children.

The UK provides an interesting example of this. According to its Office for National Statistics the UK 'does not pursue a population policy in the sense of actively trying to influence the overall size of the population, its age structure, or the components of change except in the field of immigration. Nor has it expressed a view about the size of the population, or its age structure, that would be desirable for the United Kingdom.' The UK does, however, have an immigration policy. The UK government states that 'immigration enriches our culture and strengthens our economy and therefore we want to attract people to study, work and invest in the UK'. The government thus aims to simplify and improve immigration policy and law, and ensure the UK has an internationally competitive visa system and an efficient and effective enforcement operation. It does this through carrying out immigration and customs checks to protect the UK border, efficiently processing applications for permission to enter and stay in the UK and applications to become a British citizen, and controlling migration to limit non-EU economic migrants and minimize abuse of all migration routes.

Fertility

There are many examples of governments which attempt to control the population's fertility. They may be direct population policies such as China's One-Child Policy or Romania's pro-natalist policies, or indirect such as Sweden's family policy.

One of the most famous population policies was China's One-Child Policy. This was a direct population policy aimed at reducing population growth through bringing down its total fertility rate. A voluntary policy in 1978, which aimed to curb the population as it raced towards 1 billion, was followed by the One-Child Policy in September 1980. A universal programme with exceptions for some ethnic minority groups and for those with a handicapped first child, it was implemented more effectively in the large cities of the east than in the small agricultural communities of the rural west. Various methods of enforcement were used, ranging from widespread availability of contraceptives and close community and workplace monitoring, through preferential employment opportunities and financial incentives for those who complied, to the more effective measures of sterilizations and abortions.

The policy was effective in the areas in which it was enforced, resulting in a steady fall in birth rates to below replacement by the mid-1990s. However side consequences include a skewed ratio of men to women and the existence of possibly millions of unrecorded second and third children, who face a life without formal education, health care, or employment. In addition, the age dependency ratios within China's population have been exacerbated, as long-lived parents and grandparents find themselves without a nexus of children to care for them within the family. Recently couples where at least one parent is a one-child have been allowed to have two children, the majority of young adults now. However the indication is that most are choosing to stick to the one-child family model within which they themselves grew up.

In 1965, Romania, along with the majority of Central and Eastern European states, was in demographic decline, with a decline in births, and a TFR below replacement. The communist government under Nicolae Ceausescu believed that a large population was needed for military and industrial purposes. Concerned about the low rate of population growth, the Romanian government in 1966 introduced an explicit pro-natalist policy, including a number of measures to increase the fertility rate. These measures made abortion legally available only in certain limited circumstances, restricted access to contraception, and increased allowances for large families. The sudden imposition of severe restrictions on access to legal abortion and modern contraception had an immediate impact on fertility levels in Romania and the TFR rose from 1.95 to over 3 between 1965 and 1970.

However it then fell back over the subsequent decade to reach 2.25 in the 1980s. Given the perceived failure of the demographic policy, the Romanian government commenced a new campaign in 1984 to increase the birth rate and restrict abortion. Women of reproductive age were required to undergo regular gynaecological examinations at their place of employment. A special tax was levied on unmarried persons over 25 years of age, as well as on childless couples. And in 1985 the age required for a legal abortion was increased from 42 to 45 years or older, and a woman must have given birth to a minimum of five children who were currently under her care.

One of the first acts of the new transitional government of Romania in December 1989 was to repeal the aspects of the pro-natalist policy. However, due to the long prohibition on contraceptive use, many women lacked experience with modern methods of contraception and many members of the Romanian medical profession were reluctant to accept the safety of modern contraceptives. Despite this Romania's TFR fell during the 1990s and is now in line with other countries in Eastern and Central Europe at about 1.3 (see Figure 10).

Unlike the examples from China and Romania of explicit population policies, the example from Sweden is of an implicit population policy which does not explicitly aim at modifying the population, but is recognized to have a predictable demographic outcome.

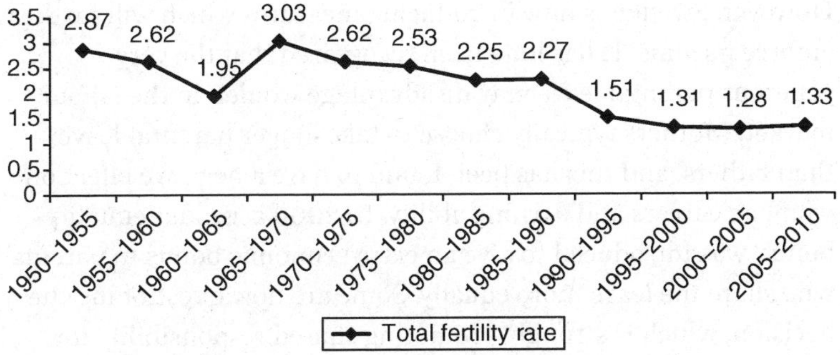

10. Total fertility rate Romania, 1950–2010.

While many European countries have seen their fertility continuously decline from the 1960s, the two-child family has remained a strong norm in Sweden, with few one-child families and a stable level of childlessness. However the total fertility rate of Sweden has continually gone up and down over that time. These ups and downs have been closely related to the economic business cycle and have been termed pro-cyclical fertility. Many have seen this related to Sweden's family policy, which has the basic aim of promoting good economic living conditions for all families and facilitating the combination of work and children for all women and men. Family policy goals are achieved by the widespread provision of day care centres and after-school services, parental insurance, and child allowance and other benefits.

Most young Swedish men and women become established in the labour market before they have children. Most women remain in the labour market after childbirth, and both men and women take a period of parental leave after the child is born. The parental leave system in Sweden is earnings related, and the benefit is dependent on recipients being active in labour market work prior to having children. Fertility went up at the end of the 1980s when the economy was strong and the length of parental leave was extended. During the 1990s the Swedish economy entered into a deep recession, young people became unemployed, and fertility went down.

However, Sweden is now introducing measures which will further enforce its aims. It has long been recognized that the very generous parental leave may disadvantage women in the labour market. Mothers typically choose to take longer parental leave than fathers, and this has been found to have a negative effect on women's careers and earning ability. In 2008 a 'gender equality bonus' was introduced to give an extra economic bonus to parents who share the leave more equally. Some are now questioning the decision, which is strongly promoting shared responsibility for children, rather than allowing families to make the decision on non-economic grounds.

Migration

The other main issue which governments attempt to control or influence though population polices is migration, both international and national (see Figure 11). Australia has long had a strong pro-immigration policy to build its country's numbers and labour force; it also until the late 20th century operated within this a policy which favoured European migrants. India has since Independence pursued policies which forcibly relocated

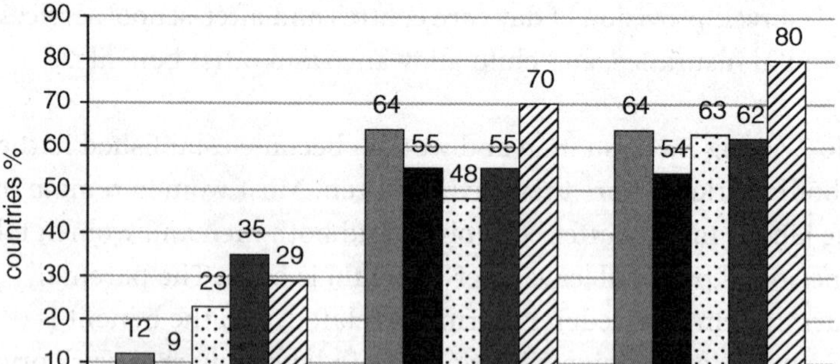

11. Governments desiring major change in the spatial distribution of their population.

numbers of its population, in order that industrial and other development projects might not be hindered.

Australia's current Migration Programme allows people from any country to apply to migrate to Australia, regardless of their ethnicity, culture, religion, or language, provided that they meet the criteria set out in law. At the last census (2011) Australia had 21.5 million residents, over one-quarter of whom were born overseas, and nearly half of whom were either born overseas or had a parent who was. As a country whose modern population was based on immigration, 20th-century Australian governments strongly encouraged immigration. However, in the first part of the century the country also pursued the so-called 'White Australia' policy, which placed restrictions on non-European migrants.

Following the Second World War, Australia took advantage of the instability and insecurity in Europe, and some Asian countries, to encourage refugees and displaced persons to migrate to Australia. Populating Australia was seen as a way of ensuring the country's safety and guaranteeing its economic future. Furthermore, it was argued that increasing the population would make Australia a less likely target for invasion. The White Australia policy was slowly dismantled after the Second World War and in 1966 the government announced that applications for migration would be accepted from well-qualified people on the basis of their suitability as settlers, their ability to integrate readily, and their possession of qualifications positively useful to Australia. The White Australia policy was completely removed by 1973 and in 1978 the government commissioned a comprehensive review of immigration in Australia. Far-reaching new policies and programmes were adopted as a framework for Australia's population development. They included three-year rolling programmes to replace the annual immigration targets of the past, a renewed commitment to apply immigration policies without racial discrimination, a more consistent and structured approach to migrant selection, and an emphasis on attracting people who would represent a positive gain to Australia.

India's resettlement and rehabilitation policies fall under the policy of 'development-related displacement'. Compulsory acquisition of land for large-scale projects such as dams, canals, thermal plants, industrial facilities, and mining frequently displaces people, forcing them to give up their home, assets, and means of livelihood. In recognition of the need to minimize large-scale displacement, and, where displacement is inevitable, to handle with care and forethought issues relating to resettlement and rehabilitation of project-affected families, the Department of Land Resources, Ministry of Rural Development formulated a National Policy on Resettlement and Rehabilitation for Project-Affected Families in 2003, with the objective of planning the resettlement and rehabilitation of affected peoples. In 2007 this was replaced by the National Policy on Resettlement and Rehabilitation, which aims at striking a balance between the need for land for developmental activities and, at the same time, protecting the interests of the landowners, tenants, the landless, the agricultural and non-agricultural labourers, artisans, and others whose livelihood depends on the land involved. It aims to minimize displacement and to ensure adequate rehabilitation occurs where displacement is necessary.

Future challenges

According to the United Nations, maximum world population will reach somewhere between 6 and 15 billion by 2100. The high variant 15 billion is generally recognized to place significant strain on the earth's resources. The medium variant 10 billion will be better but will still require a significant increase in the requirement for food, fresh water, energy, and minerals. In addition, the global distribution of people will also change, with an overall increase in those living in Asia and Africa, and a fall in European and North American populations. The less and least developed countries will account for 97 per cent of the growth to 2050. Asia will comprise 55 per cent of the world population by 2050 at 5 billion, Africa is projected to double in size by 2050 from 1 to 2 billion, while Europe will decline from 738 to 719 million. In addition the age composition of the population will also alter as median ages rise, and there is a proportionate shift from younger to older people across the globe. Around one-quarter of the world's population will be over 60 by 2050. Two-thirds of these will live in Asia which by then will have more people aged over 60 than under 15.

The magnitude and rapidity of these changes will raise considerable challenges for the 21st century.

Sub-Saharan African birth rates

World population growth over the rest of the century will be focused in Africa. While TFRs across the globe are generally falling, the case of sub-Saharan Africa remains of concern. The medium UN scenario is that TFR in Africa will fall to near replacement by 2050. If this occurs then the African population will increase from 800 million now, to 2 billion by 2050 and 3 billion by the end of the century. However TFR still remains above 4 in many countries. As a consequence if TFR reduction stalls and remains at its current 5.5 for the region, then SSA's population will reach just under 3 billion by 2050 and 14.5 billion by 2100, leading to a maximum world population of over 22 billion by the century's end.

The still high fertility rates and rapid population growth threaten the well-being of individuals and communities in the poorest developing countries, in particular those in sub-Saharan Africa. It is thus important that the drivers of fertility reduction are understood so that African women are able to choose the family size they desire. This is not only because a population of 22 billion would place considerable burden on the planet's resources, but because African governments increasingly recognize that such high birth rates are reducing the potential for development, and African women are themselves calling for measures which will improve their own well-being and those of their existing children, particularly the role that education and environment can play.

Feeding and providing water for the projected 9 or 10 billion by 2050

These two questions are still unanswered yet provide the 21st century with perhaps its biggest challenge. Around 884 million people are still without access to safe drinking water and 2.6 billion are without access to basic sanitation. Yet every baby born in the developed world consumes up to fifty times as much water as one born in the developing world. Some 1 billion people do not receive sufficient calories to meet their minimum dietary energy requirements and a further billion people are so chronically malnourished they do not get the vitamins, dietary minerals, essential fatty acids, and essential amino acids necessary for health. When we combine the predicted increases in population growth to 9 or 10 billion with the predicted and very necessary increases in calorific intake, we see a rise in total demand for food of 40 per cent by 2030 and 70 per cent by 2050.

The impact of the ageing of the world's population

The low fertility and low mortality rates for most countries are leading to an ageing of the world's population. Declining and ageing populations are often viewed as having dramatic negative effects on economic growth and employment due both to declining demand and to a declining workforce. The decline in the proportion of younger people in a population is perceived as leading to a reduction in economic activity and an increase in the proportion of older people, resulting in an economic burden through the higher requirement for pensions and health care. In particular the amount of ill-health and disability is likely to increase, the type of ill-health to change from acute to chronic conditions, and importantly, the effect of decreasing numbers of younger people will be to reduce those able to provide care.

The two main challenges facing high-income countries in the light of their ageing populations are how to ensure an income for these older populations, whether from work, pensions, assets, or savings, and how to provide appropriate and sustainable health care.

Already pension and health care provision accounts for up to 40 per cent of all government spending in advanced economies. One approach to the health challenge is to maintain health among older populations for as long as possible, thus reducing the requirement to provide and finance long-term health and social care, and sustain individual well-being. A second approach focuses on the economic factors, with populations working longer into old age.

The relationship between environment, population, and consumption in different parts of the world

Many researchers feel that it is a combination of increasing population with increasing per capita consumption which is the biggest challenge. Of particular concern is the impact of global inequalities. Increased consumption is essential to raise their standard of living for the 2 billion who live in extreme poverty and/or malnourishment. Yet these are the very countries where the significant increases in population growth will occur. It will thus be important to reduce the material consumption of the developed world, for our planet is finite and will struggle to support the material and economic consumption demanded by the growth in living standards in the emerging, developing, and least developed regions of the world. Other researchers also argue that continued economic growth worldwide is unrealistic due to environmental and resource constraints, and that the ecosystems that have sustained our economies are collapsing under the demands of rising consumption.

Such are the undoubted challenges facing the human population around population growth and consumption that there has been a return by some to Malthus: the renewal of concerns over feeding the global population, for example. Demographic momentum requires significant increase in food production to feed the burgeoning population, with implications for resources; economic development has spread Western style diets which are not an efficient way of consuming the earth's resources as food; food production per acre is tailing off. Malthus constantly sought to emphasize the complexity of the interrelationships between population, environment, socio-economic structures, and policy responses. Perhaps the founder of demographic studies still has a message for modern day demographers.

The impact of technological change

The introduction of new technology has historically resulted in the creation of new jobs, rather than a reduction in employment opportunities. The industrial revolution, for example, replaced a relatively small number of skilled artisans with large numbers of less-skilled factory workers. However the 21st-century digital revolution is displacing low- and middle-skilled jobs, and providing a small number of new job opportunities mainly for relatively skilled workers. The intersection of technological change and demographic changes has particular implications for the growing number of young men and women of working age in the middle- and low-income countries. Here many of these countries have used the availability of cheap labour to attract offshoring of jobs from Europe and the USA. This has promoted rural–urban migration as young people have moved to the cities for manufacturing employment, which in turn has driven national consumption, enabling the development of local markets and a thriving service economy. This process is an essential part of the growing labour market needed to turn the youth bulge into the demographic dividend. However, with a predicted 25 per cent increase in the use of robotics for manufacturing over the next ten years, high-income countries will increasingly replace not only their own manufacturing jobs, but previously offshored jobs with automation.

Importance of integrating demography into economic and political understanding

It is now clear that the demographic structure of the country plays an important role in the varied regional and national economic growth and that the demographic transition has played as crucial a role in the process of human development. Economists have long argued that the demographic transition follows on from economic growth, as this was historically the case in Europe and North America. As regions across the world go through the demographic transition, it is now clear that the narrative is a more complex process and that demographic, political, and governance structures are all of importance. Indeed the demographic transition's implications for the economy may be greater than economic factors for the transition. Indeed it has only exceptionally been the case that economic growth has occurred without the prerequisite beneficial demographic change. Over the next decade some 2 billion new babies will be born, 2 billion children will need to commence school, and 1.2 billion young adults need to find work. This simple demographic fact has significant implications for our planet, its regions, and individual nations. Understanding the implications of this will be crucial to the success of the 21st century.

Glossary

age heaping the misreporting of a preferred number as one's age or to round one's age to a number ending with the digits zero or five.

age–sex structure the composition of a population according to the number or proportion of males and females in each age category.

age-specific fertility rate the number of live births occurring to women of a particular age or age group per year, normally expressed per 1,000 women.

age-specific rate a rate calculated to express the incidence of a demographic process at a given age or within a specified age group, typically within five-year age groups.

age-structure effect the role played by the relative size of each age group in a population in determining the number of vital events over a particular period.

birth cohort a group of individuals born during a specified period of time, normally one calendar year or a number of years.

birth interval the interval between entry into sexual union and a first birth or between two successive births.

birth order the classification of births according to the number of previous births to the mother.

birth spacing deliberate action on the part of couples to space the births of their children at particular intervals.

carrying capacity the maximum number of persons sustainable in a given area.

cause-specific death rate the number of deaths attributable to a specified cause or group of causes during a year, expressed per 100,000 of the mid-year population.

census the total process of collection, compiling, and publishing data on the demographic, social, and economic situation of all persons in a specified territory at a particular time.

circular migration patterns of *migration* (q.v.) in which individuals or groups move away and then return to the place of origin.

closed population where there is no migration in or out of a population and thus population growth depends upon the difference between births and deaths.

cohabitation two persons living together in conjugal non-marital union.

cohort a group of persons who experience the same significant event in a particular time period.

cohort analysis demographic analysis using *cohorts* (q.v.) as the unit of study.

cohort effect the demographic behaviour of an individual at any time conditioned by the accumulated experience of the individual and shared with other members of the same cohort.

component methods methods of estimating the size and age–sex structure of a population through breaking down overall population change into its component parts of births, deaths, and migration.

crude rate a rate which consists of the ratio of the demographic events occurring in a specified period to the average total population in that period.

density of population a comparative measure of the number of people resident within a standard unit of area.

dependency rate the ratio of the economically dependent parts of the population to the productive part.

emigration the process of international migration from a nation.

emigration rate the ratio of the number of emigrants leaving a specified country or region within a given period to the average population in that period.

endogenous mortality mortality due to ageing or to congenital defects.

enumeration an operation designed to provide information about the members of a population. It represents the data collection phase of a census.

event history a detailed account of a person's experience of one or more demographic processes (see *life history*).

exogenous mortality mortality due to external causes, such as accidents and parasitic or infectious diseases.

family planning conscious effort of couples or individuals to control the number and spacing of births.

family reconstitution a technique of record linkage which consists of linking together the vital events recorded by a registration system in order to reconstitute the history of individual families.

fecundity the capacity to reproduce, which may or may not lead to childbearing.

fertility the childbearing performance of individuals, couples, groups, or populations.

gerontology the study of all aspects of ageing, individual and population, and its consequences.

growth rate the ratio of the total increase (or decrease) in a population during a given period to the average population in that period.

hazard function a mathematical representation of the chance of a non-renewable demographic event occurring at each age or duration.

hazard model the use of covariates to estimate the impact of various independent factors using the hazard function of a process as the dependent variable.

household one or more persons who make common provision for food and other essentials for living.

immigration international movement into a given territory from another country.

incidence rate the number of new cases of a disease occurring in a population during a specified period of observation divided by the average population during the period.

infant mortality mortality of live-born infants who have not reached their first birthday.

inmigration movement into an area from a different part of the same country.

intercensal a qualifier applied to the period between two censuses, and to measures and phenomena occurring in this period.

kinship the relationship based on real, putative, or fictive consanguinity.

life cycle the sequence of stages through which individuals pass beginning with birth and ending in death, or families beginning with formation and ending in dissolution.

life expectancy the average number of additional years a person would live if the mortality conditions implied by a particular life table applied. Life expectancy at age *x* is represented by *ex* and life expectancy at birth *e*0.

life history a detailed account of a person's experience of one or more demographic processes (see *event history*).

life table a detailed description of the mortality of a population giving the probability of dying at each age.

marital status the status of individuals with regard to marriage.

marriage the legal union of persons of opposite or (in some countries) same sex.

maternal mortality mortality from causes connected with pregnancy, labour, or the puerperium (lying-in period).

migration movement of individuals or groups which involves a permanent or semi-permanent change of usual residence.

migration model a theoretical construct, often expressed mathematically, which attempts to explain observed patterns of migration.

momentum the increase (or decrease) in population size which would occur if the fertility of a population changed immediately to the level which would just ensure the replacement of each generation.

morbidity the state of illness and disability in a population.

mortality the process whereby deaths occur in a population.

nationality characteristic of an individual indicating his or her citizenship of a particular nation.

natural fertility the fertility of populations whose members do not use contraception or induced abortion.

natural increase change in the size of a population produced by surplus (or deficit) of births over deaths in a given period.

net migration the difference between the number of persons moving into a specified area and the number leaving.

outmigration movement from a given area into another part of the same country. Outmigration is one of the components of internal migration. Whereas emigration refers to migration to a foreign country, outmigrant is used to refer to people leaving a given area and moving to another part of the same country.

parity the number of children previously born alive to a woman (or to a couple). Parity is also sometimes used to mean the number of previous confinements experienced by a woman.

parity-specific fertility rates rates relating births of a given order to women of a particular *parity* (q.v.), e.g. third births, divided by the number of women who have already had two children, 'two-parity women'.

period analysis demographic analysis which focuses on occurrences within a specified period, often one year. The synonyms current analysis and cross-sectional analysis are also used.

population dynamics the study of changes in population size and structure brought about by mortality, migration, and fertility.

population pyramid a double bar-chart showing the *age–sex structure* (q.v.) of a population.

prevalence rate a measure of *morbidity* (q.v.) during a specified period of time (period prevalence) or at a specified point in time (point prevalence).

projection the computation of future population size and characteristics based on assumptions about future trends in fertility, mortality, and migration. A distinction is made between a projection and a forecast, the latter implying an element of prediction while the former simply represents the working out of various hypothetical assumptions.

proximate determinants of fertility biological and behavioural factors which directly influence fertility, and through which social, economic, and other factors come to influence childbearing. The alternative term intermediate fertility variables is also used.

quantum the ultimate frequency with which a given event occurs to the members of a *cohort* (q.v.).

ratio methods methods of calculating population *projections* (q.v.) for subpopulations through the application of the proportion of the total population in each subgroup.

record linkage the compilation of a variety of information relating to a person or a marriage.

return migration migration in which an individual returns to a previous area of residence.

reverse survival the reconstruction of a population's age structure at an earlier date on the basis of its current age structure and given assumptions about the prevailing level of mortality.

sampling collecting data from a part of a population with a view to drawing inferences about the whole.

sex ratio the ratio, within a population, of the number of males to the number of females, or the ratio of events occurring to males divided by the number occurring to females.

standardization a technique used to enhance the comparability of data from different populations.

stratified sampling form of sampling in which the sampling frame is subdivided into strata and sampling is carried out independently in each stratum.

tempo timing of events within a particular *cohort* (q.v.).

total fertility rate (TFR) the sum of the age-specific fertility rates over the whole range of reproductive ages for a particular period (usually a year), generally the number of children a woman would have during her lifetime if she were to experience the fertility rates of the period at each age.

urbanization an increase in the proportion of a population living in urban areas.

vital event a major change in an individual's status which leads to a change in composition of the population.

working age population the population in the age groups from which the labour force is drawn. Definitions of these ages vary, but 15 to 64 is common for international comparisons.

zero population growth (ZPG) a situation in which the number of births in and immigrants to a population equal the number of deaths and emigrants from it.

References

Chapter 2: From 55,000 to 7 billion

Livi Bacci, M. (2017) *A Concise History of World Population*. 5th edition. Hoboken, NJ: John Wiley & Sons Ltd, p. 2.

Chapter 3: The fathers of demographic thought

Graunt, J. (1662) *Natural and Political Observations Made Upon the Bills of Mortality*. Available at: <http://www.edstephan.org/Graunt/bills.html>.

Glass, D. V. (1950) Graunt's life table. *Journal of the Institute of Actuaries (1886–1994)*, 76(1): 60–4.

Petty, W. (1662) Treatise of taxes and contributions. In *The Economic Writings of Sir William Petty*, vol. 1. London.

Newton, I. (1687) *Philosophiæ Naturalis Principia Mathematica*. London.

Price, R. (1789) A Discourse on the Love of Our Country. Delivered on 4 Nov. 1789, at the Meeting-house in the Old Jewry, to the Society for Commemorating the Revolution in Great Britain.

Mr Bayes and Mr Price (1763) An Essay towards Solving a Problem in the Doctrine of Chances By the Late Rev. Mr. Bayes, F. R. S. Communicated by Mr. Price, in a Letter to John Canton, A. M. F. R. S. *Phil. Trans.* 53: 370–418.

Burke, Edmund (1790) Reflections on the Revolution in France, And on the Proceedings in Certain Societies in London Relative to that Event. In a Letter Intended to Have Been Sent to a Gentleman in Paris (1 edn). London: J. Dodsley in Pall Mall.

Price, R. (1772) *Observations on Reversionary Payments: On Schemes for Providing Annuities for Widows, and for Persons in Old Age; on the Method of Calculating the Values of Assurances on Lives; and on the National Debt to which are Added Four Essays on Different Subjects in the Doctrine of Life-annuities and Political Arithmetick, Also an Appendix*... London.

Price, R. (1772) *An Appeal to the Public, on the Subject of the National Debt.* T. Cadell.

Malthus T. R. (1798) *An Essay on the Principle of Population.* Oxford World's Classics, ch. 2, p. 19.

Chapter 4: The entrance of statistics and mathematical models

Gompertz, B. (1825) On the nature of the function expressive of the law of human mortality, and on a new mode of determining the value of life contingencies. *Philosophical Transactions of the Royal Society*, 115: 513–85. doi:10.1098/rstl.1825.0026.

Galton, F. (1889) *Natural Inheritance.* London: Macmillan.

Pearson, K. (1892) *Grammar of Science.* London: Scott. 2nd edn, 1900; 3rd edn, 1911.

Pearson, K. (1893) Contributions to the mathematical theory of evolution. *Proceedings of the Royal Society of London*, 54: 329–33.

Fisher, R. A. (1956) *Statistical Methods and Scientific Inference.* Oxford: Hafner.

The Editors of Encyclopaedia Britannica (2017) Sir Ronald Aylmer Fisher. *Encyclopædia Britannica, inc.* <https://www.britannica.com/biography/Ronald-Aylmer-Fisher>.

Hajnal, J. (1955) The prospect for population forecasts. *Journal of the American Statistical Association*, 50 (270).

Hajnal, J. (1965) European marriage patterns in perspective. In D. V. Glass and D. E. Eversley (eds), *Population in History: Essays in Historical Demography.* Chicago: Aldine Publishing Company, pp. 101–43.

Coale, A. J., and Hoover, E. M. (1958) *Population Growth and Economic Development in Low-Income Countries.* Princeton: Princeton University Press.

Coale, A. J., and Demeny, P. (1966) *Regional Model Life Tables and Stable Populations.* Princeton: Princeton University Press.

Population Council (1970) *Manual for Surveys of Fertility and Family Planning: Knowledge, Attitudes and Practice.* New York: Population Council.
The Royal Society (2012) *People and the Planet.* The Royal Society Science Policy Centre report 01/12, London.

Chapter 5: The drivers

Ravenstein, E. (1885) The laws of migration. *Journal of the Statistical Society of London*, 48(2): 167–235. doi:10.2307/2979181.
Zelinsky, W. (1971) The hypothesis of the mobility transition. *Geographical Review*, 61(2): 219–49.
United Nations (2013) *The Millennium Development Goals Report 2013.* New York: United Nations.
Glass, D. V. (1950) Graunt's life table. *Journal of the Institute of Actuaries (1886–1994)*, 76(1): 60–4.
Christensen, K., Doblhammer, G., Rau, R., and Vaupel, J. W. (2009) Ageing populations: the challenges ahead. *The Lancet*, 374(9696): 1196–208.
Caldwell, J. (1980) Mass education as a determinant of the timing of fertility decline. *Population and Development Review*, 6(2): 225–55. doi:10.2307/1972729.
United Nations, Department of Economic and Social Affairs, Population Division (2015) *World Population Prospects: The 2015 Revision.*

Chapter 6: The demographic transition—centrepiece of demography

Thompson, W. S. (1929) Population. *American Journal of Sociology*, 34(6): 959–75. [A precursor on the debate pertaining to the phases of the transition.]
Davis, K. (1945) World population in transition. *Annals of the American Academy of Political and Social Science*, 237(1): 1–11.
Carr-Saunders, A. M. (1936) *World Population: Past Growth and Present.* Oxford: Clarendon Press.
Notestein, F. W. (1945) Population: the long view. In E. Schultz (ed.), *Food for the World.* Chicago: University of Chicago Press, pp. 36–57.
Lesthaeghe, R. (1977) *The Decline of Belgian Fertility, 1800–1970.* Princeton: Princeton University Press.

Chapter 7: A demographer's toolbox

Lotka, A. J. (1907) Relation between birth rates and death rates. *Science*, 26: 21–2. Reprinted in D. Smith and N. Keyfitz, *Mathematical Demography* (Berlin: Springer, 1977), 93–96.

Lee, R. D., and Carter, L. (1992) Modeling and forecasting the time series of U.S. mortality. *Journal of the American Statistical Association*, 87(419): 659–71.

Coale, A., and Trussell, T. (1974) Model fertility schedules: variations in the age structure of childbearing in human populations. *Population Index*, 40(2): 185–258.

Brass, W. (1975) *Methods for Estimating Fertility and Mortality from Limited and Defective Data*. Chapel Hill, NC: Laboratories for Population Statistics.

Chapter 8: Population pyramids and projections

Population pyramid, Angola 2010. Data source: United Nations (2015) *World Population Prospects: The 2015 Revision.*

UK population pyramids, 1950, 1980, and 2010. Data source: United Nations (2015) *World Population Prospects: The 2015 Revision.* Accessed 10 May 2017.

Lexis, W. (1880) La représentation graphique de la mortalité au moyen des points mortuaires. *Annales de démographie internationale*, 4: 297–324.

Gompertz, B. (1825) On the nature of the function expressive of the law of human mortality, and on a new mode of determining the value of life contingencies. *Philosophical Transactions of the Royal Society of London B: Biological Sciences*, 182: 513–85.

Leslie, P. H. (1945) On the use of matrices in certain population mathematics. *Biometrika*, 33(3): 183–212.

Wachter, K. W. (2014) *Essential Demographic Methods*. Cambridge, Mass.: Harvard University Press, p. 272.

Chapter 9: Sub-disciplines arise

National Research Council (US) Committee on Population (1997) *Between Zeus and the Salmon: The Biodemography of Longevity*, ed. K. W. Wachter and C. E. Finch. Washington, DC: National Academies Press (US).

National Research Council (US) Panel for the Workshop on the Biodemography of Fertility and Family Behavior (2003) *Offspring: Human Fertility Behavior in Biodemographic Perspective*, ed. K. W. Wachter and R. A. Bulatao. Washington, DC: National Academies Press (US).

Newton, G. (2011) *Family Reconstitution in an Urban Context: Some Observations and Methods*. Technical Report, University of Cambridge, CWPESH No. 12. Minor revisions Jan. 2013.

Dublin, L., and Lotka, A. (1925) On the true rate of natural increase. *Journal of the American Statistical Association*, 20(151): 305–39.

Bocquet-Appel, J. P. (2002) Paleoanthropological traces of Neolithic demographic transition. *Current Anthropology*, 43: 638–50.

Hauser, P. M., and Duncan, O. D. (1959) *The Study of Population: An Inventory and Appraisal*. Chicago: University of Chicago Press.

Chapter 10: Population policies and future challenges

Department of Economic and Social Affairs Population Division (2013) *World Population Policies*. <http://www.un.org/en/development/desa/population/publications/pdf/policy/WPP2013/wpp2013.pdf>.

United Nations, Department of Economic and Social Affairs, Population Division (2015) *World Population Prospects: The 2015 Revision*. Accessed 10 May 2017.

Further reading

Bloothooft, G., Christen, P., Mandemakers, K., Schraagen, M. (eds) (2016) *Population Reconstruction*. Berlin: Springer.

Dyson, T. (2010) *Population and Development: The Demographic Transition*. London: Zed Books.

Harper. S. (2016) *How Population Change Will Transform Our World*. Oxford: Oxford University Press.

Livi Bacci, M. (2012) *A Concise History of World Population*. Hoboken, NJ: Wiley-Blackwell, 5th revised edition.

Livi-Bacci, M. (2017) *Our Shrinking Planet*. New York: Polity.

Longford, Nicholas T. (2008) *Studying Human Populations: An Advanced Course in Statistics*. New York: Free Press.

Mayhew, R. (2014) *Malthus: The Life and Legacies of an Untimely Prophet*. Cambridge, Mass.: Harvard University Press.

Malthus, T. (2012) *An Essay on the Principle of Population*. York: Empire Books.

Poston, S., Dudley L., and Micklin, M. (eds) (2005) *Handbook of Population*. Berlin: Springer.

Rowland, D. T. (2003) *Demographic Methods and Concepts*. Oxford: Oxford University Press.

Tesárková, K. H., and Kurtinová, O. (2017) *Lexis in Demography*. Berlin: Springer.

United Nations, Department of Economic and Social Affairs, Population Division (2015) *World Population Prospects*.

Wachter, K. W. (2014) *Essential Demographic Methods*. Cambridge, Mass.: Harvard University Press.

“牛津通识读本”已出书目

古典哲学的趣味
人生的意义
文学理论入门
大众经济学
历史之源
设计，无处不在
生活中的心理学
政治的历史与边界
哲学的思与惑
资本主义
美国总统制
海德格尔
我们时代的伦理学
卡夫卡是谁
考古学的过去与未来
天文学简史
社会学的意识
康德
尼采
亚里士多德的世界
西方艺术新论
全球化面面观
简明逻辑学
法哲学：价值与事实
政治哲学与幸福根基
选择理论
后殖民主义与世界格局
福柯
缤纷的语言学
达达和超现实主义
佛学概论
维特根斯坦与哲学
科学哲学
印度哲学祛魅
克尔凯郭尔
科学革命
广告
数学
叔本华
笛卡尔
基督教神学
犹太人与犹太教
现代日本
罗兰 · 巴特
马基雅维里
全球经济史
进化
性存在
量子理论
牛顿新传
国际移民
哈贝马斯
医学伦理
黑格尔
地球
记忆
法律
中国文学
托克维尔
休谟
分子
法国大革命
民族主义
科幻作品
罗素
美国政党与选举
美国最高法院
纪录片
大萧条与罗斯福新政
领导力
无神论
罗马共和国
美国国会
民主
英格兰文学
现代主义
网络
自闭症
德里达
浪漫主义
批判理论

德国文学
戏剧
腐败
医事法
癌症
植物
法语文学
微观经济学
湖泊
拜占庭
司法心理学
发展
农业
特洛伊战争
儿童心理学
时装
现代拉丁美洲文学
卢梭
隐私
电影音乐
抑郁症
传染病
希腊化时代
知识
环境伦理学
美国革命
元素周期表
人口学
电影
俄罗斯文学
古典文学
大数据
洛克
幸福
免疫系统
银行学
景观设计学
神圣罗马帝国
大流行病
亚历山大大帝
气候